JN319021

熊野古道
巡礼のみち
伊勢路を歩く

川端 守◎文
山本卓蔵◎写真

風媒社

熊野本宮大社

新宮速玉大社

熊野那智大社

隣接する青岸渡寺（西国三十三ヶ所第一番札所）から望む那智の滝

花の窟（105頁）

七里御浜（89頁）

熊野灘の日の出

馬越峠　石畳の敷かれた古道（40頁）

熊野川を三反帆船で下る（100頁）

熊野古道
巡礼のみち　伊勢路を歩く

目次

道の世界遺産・熊野古道

紀伊路と伊勢路

水と木、木々を燃した火は熊野の森の源泉である。森と川それらを包み込む熊野の海に依拠して、人々は生きてきた。多くは山人として、また、ある人々は海人として。残りの数少ない人々が、海岸や河段の狭い土地を耕してきた。

例えば、小雲取り越えの「百間ぐら」のあたりから北を望むと、三千六百峯と形容される多くの山々が、視界全体に広がっている。それは大峰山であったり、果無山脈の峯々であったりする。その襞を縫うように流れる十津川や熊野川はここからは見えない。

谷々の底で、あるいは耕して天にいたる山腹の畑では多くの人々がそれぞれの生活を営んでいるのだが、「百間ぐら」からは、ただ、たたなづく峯々がみえるだけ。熊野の山々だけが見えているのだ。そこに住まう人々の自然への畏敬と親しみは、単純で素朴なものであったが、やがて登場してくる、古代国家の為政者や律令体制の文官たちは、そこに「神の物語」を創作し、「神々の国」というような装飾を始める。

平安時代後期の上皇や女官たちは、神々への信仰にポダラク（補陀落）への願いを重ね、山間の中辺路を大人数の行列を組んで尋ねることになる。いつのころからか、修験者たちは、大峰山系の急峻や岩場を駆け下り、山岳での修行を重ねながら熊野を目指していた。

かくして、「熊野三山」信仰が生まれ、「熊野三山への道」を歩き続ける人が誕生した。

誰もが引用する「梁塵秘抄」の一節

熊野へまいるには
紀路と伊勢路と
どれ近しどれ遠し
広大慈悲の道なれば
紀路も伊勢路も遠からず

紀路は、平安時代・院政期の上皇や貴族たちの道。伊勢路は荷坂峠やツヅラト峠を越えて東紀州を通過していく道。観音様の広大慈悲に守られての道なのでいずれも遠くないと言いつつ、現実には紀路をたどる。

紀伊長島の海

中世の熊野への主要道は、紀路、今でいう中辺路である。陸路をたどるとき、彼等は紀路を「参詣道」として選択したのである。現在の大坂や京都の人たちが、和歌山市や田辺市経由で熊野三山をめざすのと心理的な親近感は、それほど遠くない。

一方、伊勢からツヅラト峠や荷坂峠を経て熊野三山を目指す路は、細々と続く道であり、信仰の道というよりは、地域の漁民や山人の通う生活道であった。

中辺路が田辺から山また山のなかへ分け入るのに、伊勢路は同じ山道ながら、海沿いの峠道を歩くことになる。ならば、峠を越えないで、船で海を渡ろうと考える人が出てくるのはいつの時代も同じである。

古道を歩む人々の歴史

若き日の平清盛「いまだ安芸守たりしとき」と「平家物語」の作者は語り始める。

清盛一行は、伊勢の港から船を漕ぎ出し、熊野三山をめざして参詣の旅に出た。東紀州の沖合いを行くその船の中に大きな鱸が躍り入ってきた。先達の山伏が「これは熊野権現の御霊験です。すぐに召し上がりませ」というのも妙なことだが、本来十戒を守り、精進潔斎して出かけるべき参詣の途上で、殺生は厳に慎むべきはずなのに「これこそは目出度いしるしじゃ」と早速この鱸を調理して一門の人々にも家臣にも食べさせた。「その故にや吉事のみうちつづいて、太政大臣まできはめ給へり」と結ぶ。

ここでは熊野三所権現のご利益を説くのが主旨なのだが、上皇・貴族達とはことなる新興武士勢力のおおらかな信仰の様子が浮かび上がってきて効果的である。どちらにしても、清盛のたどった道は「中世・海の熊野古道」であった。

同じ時代を清盛の対極で生きている西行法師も63歳の時（1181年か）に熊野から伊勢への船旅を体験している。

新宮より伊勢の方へと向かったが、途中「みき島」（尾鷲市に三木里・三木浦という地名がある。そのあたりのこと）にて舟の準備をしている浦人を見、その黒髪がまったくなくなっているのを呼び寄せて二首の和歌を詠んでいる（「山家集」）。

年経たる浦の海士人言問はん波を潜きて幾世過ぎにき

黒髪は過ぐると見えし白波をかずき果てたる身には知れ海人

さらには、長保元年（999年）に紀路を避けて密々に船にて伊勢から熊野三山に参ろうとして、願いかなわなかった花山院の例もあり、これらの例から考えて、中世においては陸路としての伊勢路は熊野三山への道としては、利用することの少なかった道といえる。

道の世界遺産

参詣道として世界文化遺産登録されたのは、高野山参詣道の高野山町石道のほかは、すべて熊野三山への参詣道である。

・紀伊路

中辺路……田辺より本宮に向かう中世の上

＊（前頁見開き写真）
水呑王子から伏拝王子への古道

皇・貴族の歩んだ道
大辺路……田辺より潮の岬を経て新宮に向かう紀伊半島海岸沿いの道
小辺路……高野山から本宮へ最短距離で結ぶ山間の道
・伊勢路
田丸から荷坂峠・ツヅラト峠で奥熊野に入り、海岸沿いの山道、峠をたどる道　東紀州を南下し、東熊野街道ということもある
・大峰道
吉野から本宮をめざす山岳修行の道　大峰山系の峰々を駈ける山伏のための修行道で、参詣道という表現は適当と言えないが、長いこと廃れていた本宮・前鬼口の道を再興し、全コースを踏破する行程が数年前から復活している。


エルサレム、ローマと並び中世キリスト教の三大聖地として知られるスペイン北部・ガリシア地方のサンティアゴ・デ・コンポステーラ、そこへ至る約八百五十キロの巡礼道は一九九三年に世界遺産に登録された。

ピレネー山脈からスペイン北部のリアス式海岸に沿って西に向かう約八百五十キロの巡礼道と一六六の市町村に点在する千八百を超す歴史的建造物が世界遺産として登録されたが、この道は都市部でも山間部でも寸断されることなく一本の、あるところでは複数の道として貫いており、現代の巡礼者たちは大きなリュック・サックを担いで、約四十日間をかけて歩き続ける。

帆立貝印の統一看板が要所要所に設置され旅人、現代の巡礼者をいざなう。平年でも五十万を超える人々が、「聖年（七年に一度）」に当たる一九九九年には約千二百万人が訪れた。

この道はレコンキスタ（カトリック教徒による、イスラムからの聖地回復運動、一四九二年に終結するまで約七百年続いた）と切り離しては語れないが、戦いの拠点であり、信仰の拠点でもあった。

自らも二一歳と四十歳のときの二回、巡礼の体験をしたというカミーノ・ベガ・マルティネス（四八歳）さんは、「私たちスペイン人にとっ

〈世界遺産に登録された箇所〉※三重県東紀州関係分

①ツヅラト峠道……14km
度会郡大内山村志古谷から北牟婁郡紀伊長島町島原間
②荷坂峠道……0.9km
北牟婁郡紀伊長島町東長島地内
③三浦峠道（熊ケ谷道）1.5km
北牟婁郡紀伊長島町道瀬から同町三浦間
④始神峠道……1.7km
北牟婁郡紀伊長島町三浦から同郡海山町馬瀬間
⑤馬越峠道……2.6km
北牟婁郡海山町相賀から尾鷲市北浦町間
⑥八鬼山道……7.5km
尾鷲市矢浜大道から同市名柄町間
⑦三木峠道・羽後峠道……2.2km
尾鷲市三木里町から同市賀田町間
⑧曽根次郎坂・太郎坂……4.2km
尾鷲市曽根町から熊野市二木島町間
⑨二木島峠道・逢神坂峠道……3.0km
熊野市二木島町から同市新鹿町間
⑩波田須の道
熊野市波田須町地内……0.3km
⑪大吹峠道……1.4km
熊野市波田須町から同市磯崎町間
⑫観音道……0.9km　熊野市大泊地内
⑬松本峠道……0.7km
熊野市大泊町から同市木本町間
⑭横垣峠道……1.8km
南牟婁郡御浜町神木から同町阪本間
⑮風伝峠道……1.8km
南牟婁郡御浜町川瀬から同郡紀和町矢の川間
⑯本宮道……0.9km
南牟婁郡紀和町矢の川地内
0.6km　小栗須から小川口
0.2km　小栗須から湯ノ口
0.4km　湯ノ口から大河内
0.2km　楊枝川地内
伊勢路　距離小計……34.2km

以上のほかに
①熊野速玉大社　御船島……2654m^2
南牟婁郡紀宝町鮒田右市ケ浜1521
②熊野川……21.0km
南牟婁郡小船地内から同郡紀宝町鮒田地内
③七里御浜……18.0km
熊野市井戸町から南牟婁郡鵜殿村
④花の窟……19707m^2
熊野市有馬町字上ノ地

果無山脈を望む

神倉神社・お燈まつり

て最も大切なのは、この道を通じて多くの人がヨーロッパの文化を伝え続けてきたことです。」とガイドの中で語っていたが、この道は、別名を「カミーノフランセス」というように、パリを出発地としてヨーロッパの国々の人が歩き続けている道である。

「紀伊山地の霊場と参詣道（熊野古道）」は、「サンティアゴ・デ・コンポステーラ」につづき、道の世界遺産としては二番目のものだが、「信仰の道」としても「文化の道」としても、彼我の差異をしかと認識して保全に力を入れることが必要である。

伊勢路を歩く

近世の熊野古道・伊勢路

江戸幕府の五街道整備が始まったのは、慶長七年のこと。東海道の成立・完了は寛永元年（１６２４）である。各藩においても並行して藩内の道路整備を行なったから、紀州藩の藩内往還道の整備もこのころである。元和九年（１６２３）に、初代藩主徳川頼信が伊勢から焼山（八鬼山）を越えて、紀州藩主としては始めての熊野参詣をしており、寛永十二年（１６３５）には、和歌山（中辺路）—新宮（伊勢路）—伊勢の熊野往還道が整備されている。

今回、世界遺産登録された街道はほとんどこの時期に整備されたものである。

なかでも屈指の多雨地帯である、馬越峠や八鬼山越えの道には、周辺の石材を敷き詰め、大量の雨水に道路が流されないような工夫がなされ、敷設以降現在まで有数の石畳道として旅人の安全に寄与してきた歴史がある。

伊勢路を歩くのは、これら近世以降の道、そこに刻まれた歴史や文化を歩くということである。

巡礼道としての伊勢路

お伊勢　七度
熊野にゃ　三度
あなた様には　月参り
（尾鷲市九鬼浦で現在も歌われている伊勢音頭道中節）

初出と言われる「東海道中膝栗毛」では、「伊勢へ七度　熊野へ三度　愛宕様へは月参り」とあり、ほかにも「お多賀さまへは月参り」と歌うところもある。

巡礼者の数は、享和元年（１８０１）の三万人を最高に、文化三年（１８０６）に至る六年間がピークであり、この数年間は毎年二万五千人ほどの通行を記録している。以後文政八年（１８２５）までは年間一万五千人ほどである。

幕末、慶応三年（１８６７）に馬越峠の茶屋

の主人世古平兵衛が庄屋に願い出た嘆願書の中に、「このごろ長州戦争の影響もあって、峠を越える旅人は皆無であります」とあって、旅人の姿がまったくなくなって閑散としてきている様子がうかがえる。

参詣人の人数に変動はあるものの、江戸時代を通して、熊野古道伊勢路は活況を呈している。

中辺路は古代後期から中世にかけての参詣道、あるいは京・大坂からの道であるが、伊勢路は近世の道であり、関東・江戸からの道といえる。ただ、伊勢と熊野が実態としてセットになっていたとは単純に言い切れない。伊勢参詣のあと西国を訪れる民衆の多くは、田丸で熊野路と別れ、初瀬街道に入り、大和（吉野）経由で西へ向かったからである。

伊勢参宮の人数は、お陰参りなどの年を除き通常の年で四十〜五十万とされるのに対し、熊野へ向かった人数は上記の通り一万程度である。伊勢参宮後に伊勢路を通り熊野へ向かったのは、そのうちの数十分の一と、かなり少ないのである。熊野詣に出かける人々をさして、「蟻の熊野詣」と表現するが、それは人数の多さではなく、果てなくつづく山間の道を歩き続ける民衆の旅の形容と見るべきだ。

しかし、この少ない数の人たちこそ、それだけに熊野信仰に熱心な巡礼者たち、物見遊山的な夾雑物を削ぎ落として熊野を目指した民衆といえるのである。

殿様・巡見使の通った道

東紀州は、近世にあっては「奥熊野」といい、紀州和歌山藩領であった。しかし藩主所在地の和歌山から遠いために、藩主のお成りは江戸時代を通して四、五回しかない。さらに参勤交代には、高見峠越えの和歌山街道を利用したから、数十年に一度のお成りが示すように、自藩・自領とはいえ藩都和歌山からはずいぶん遠隔地にあり、辺地と見なされていた。一度も奥熊野へ足を踏み入れなかった藩主の方が多いのである。

巡見使とは、将軍交代時に各藩の事情視察のために、幕府から派遣される役人のことだが、

藩にとっては軽視できない存在であった。巡見使からの直接のお尋ねに対して村役人が答える内容についての「想定問答集」が、事前に配布され、慎重に対応することが徹底された。こちらの方は十回以上の訪れを記録している。

お成りにしろ、巡見使にしろ、迎える村々の準備・対応・接待は大きな負担を強いるものであつたが、その都度、熊野古道の入念な点検・整備が実施され、古道の保全に役立ってきたことも事実である。

「古道の時代」の終焉

明治四年までは、しばらくは和歌山藩のままであったし、「近代」になったからといって、熊野古道がすぐさま近代的な道路に整備されたわけではない。廃藩置県で奥熊野七組の内、紀伊長島から紀宝町までは「三重県」に、本宮組、北山組は和歌山県にと組がえがあった。

明治十三年（１８８０）三月一日、従来の熊野街道は松坂から矢の川峠を越えて南牟婁郡御船村に至る線を熊野街道として、改修を始めた。例えば、馬越峠は尾鷲市水地と海山町とを天狗倉半島を回る水平道として、台八車の通行可能な道として、明治二十一年に竣工した。このころ東紀州の峠越えのほとんどの箇所が改修された。現在では、従来の熊野古道伊勢路を「江戸道」、改修された道を「明治道」と呼んでいる。今、世界遺産の熊野古道を歩くとき、この二つの道が各所の峠道で平行して存在していたり、複雑に交差している姿を目にすることが出来る。

ところが、この「明治道」は、「車道」としての機能を重視したため、従来の「峠越え」の道に比して距離が長く、人々の歩行に利用されること少なく、やがて大正時代になって本格的な自動車道の整備、それは山腹をトンネルで貫き峠を挟んだ集落を最短距離で結ぶものであったから、その完成とともにかつての二つの道は山中に廃棄され、記憶から去ろうとしていた。放置して三十年も経てば、山中の道は森林に回帰してしまう。幸いにも、リアス式海岸と呼ばれる複雑な地形を通過するこの地域の道は、「江戸

道」「明治道」「大正道」それぞれに別々のルートを取ることが多く、生い茂る羊歯や倒木に覆い隠された道には、多くのところで石畳が敷かれていたため、道そのものが朽ちて消失することがなかった。

それが、故郷と故郷の古い道を懐かしむ麓の人々によって発掘整備され、「江戸道」（熊野古道・伊勢路）「明治道」として山中に再び姿を現し、今、「世界文化遺産の道」　として復活してきているのである。

奥熊野への二つの入り口
——荷坂峠とツヅラト峠

前掲の「梁塵秘抄」の文言でも知られるように、古来熊野参詣の道は、京都から和歌山・田辺を経由する紀伊路と、ツヅラト峠を越え奥熊野に入る伊勢路があった。中世の上皇らの御幸道としては紀伊路が用いられたが、近世の参詣道としては伊勢参宮後に伊勢路を通って熊野に至るルートがとられた。ところが、幕藩体制の成立期の五街道整備とそれに伴う紀州藩の熊野往還道の整備（寛永一二＝一六三五年）の際、奥熊野への入り口は、現在の大内山村梅ガ谷で川沿いに奥に入りツヅラト峠を越える道から、そのまま南進して荷坂峠を越える道にルートが変更された。

どちらの峠からも旅人は、始めて熊野の海を眺めることが出来たが、奥熊野への入り口は、ツヅラト峠越えは中世以前の道、荷坂峠越えは近世以降の道といえる。ツヅラト峠に関する道中記や記録文書の少なさは中世の紀伊路重視の結果であり、それに反して、熊野古道伊勢路の賑わいは「お伊勢まいり」の盛況とともに訪れたことから、道中記や記録等に残されること多く、当然のごとく、ほとんどの旅人が荷坂峠越えのルートを選択することとなる。

近世の熊野古道は、参詣の道としては伊勢側から紀伊側へほぼ一方通行の道として利用されており、伊勢参宮を経て、熊野三山、西国三十三ケ所巡りを目指したのである。中世の紀伊路が京都を中心とする関西人の道とすれば、近世

神倉神社の巨石・ゴトビキ岩

の熊野古道・伊勢路は江戸を中心とする関東の人々の道である。しかし、伊勢参宮を終えて、東国へ帰る旅人たちの圧倒的多数は、熊野街道へ足を向けず、田丸から初瀬街道を通り、大和・京・大坂を経て、さらにそのまま讃岐に足を延ばしたり、中山道を経て、善光寺に参詣したり、多様なコースを取っている。

ここでもまた、熊野街道はその道の険しさ、さらには旅の条件の悪さ等から、旅人たちに敬遠されたのである。それだけに、悪路・悪条件をものともせず、熊野街道・伊勢路を歩き熊野三山を目指した旅人たちは、巡礼を始めとして、信心深い人たちであったといえる。

彼等は荷坂峠やツヅラト峠で、熊野の海を始めて目にしたが、海の向こうへの補陀落渡海や渡海の彼方にある観音浄土を想起して、感無量なものがあったに違いない。

荷《に》坂《さか》峠道

【コースタイム】JR梅ケ谷駅―荷坂峠―片上―道の駅「まんぼう」―JR紀伊長島駅（約3キロ・2時間）
【交通】（行き）名古屋駅（近鉄特急1時間）→松阪駅（JR紀勢本線1時間15分）→梅ケ谷駅
（帰り）紀伊長島駅（JR紀勢本線特急2時間）→名古屋駅
＊マイカーの場合は、国道42号荷坂トンネル手前案内板近くに駐車余地あり。紀伊長島よりタクシー利用　道の駅「まんぼう」の駐車場利用が無難。

伊勢路の入口・峠の茶屋

伊勢山田を出発した近世の旅人は、途中、栃原の岡嶋屋などで一泊し、次に、野後の滝原宮のあたりか、崎や間弓まで足を延ばして泊った。伊勢から三日目にしてようやく荷坂峠についたのである。峠には茶屋があった。ここの茶屋は昭和一〇年頃まで営業していて、熊野古道沿いの茶屋としては、最も遅くまで開いていたものの一つである。

峠は、海抜二四一メートルの高さにあるが、ここまで奥伊勢の路をゆったりと歩いてきた旅人は、遥かに広がる熊野の海を眺め、しばらくの憩いと前途の困難に思いを致したのである。幕末期の俳人、可涼園大江桃乙寿邦（生没年不詳）も海を詠む。

海見えて心落ち着く茂りかな
海のおと聞きそめてより旅の秋

西国三十三カ所名所図会は、荷坂峠からの眺望を描写するところから始まっているが、画面の前景にこの茶屋が描かれている。茶屋の前に二十段ほどの石段があり、観音堂が立っていた。今、観音像は、梅が谷から荷坂峠にいたる国道四二号線沿いの小公園に安置され、地元の人々によって保存されている。熊野古道の入り口には、かつて熊野を目指す旅人を見守る観音様が立っていた。

「北越雪譜」で著名な鈴木牧之《ぼくし》（明和七＝1770―天保十三＝1

（上）荷坂峠入口の案内標識
（左）荷坂峠から古道への入り口

雑木林の中、古道を下る

トンネルの間を線路がつづく

842）は寛政八（1796）年に、熊野に向かうに際して「熊野路の春や淋しき人通り」と詠み、荷坂峠では次のように記している（「西遊記神都詣西国巡礼」）。

「ニサカ峠に見渡せば、海上の絶景筆に尽くしがたく、世の人の只熊野路は恐しき噂のみ聞へけるにさはなくて、長嶋の町まで一目に見おろす風情いはむかたなし。

　長嶋や世を遁るなら此のあたり

　嶋山や霞もこめず千々の景」

この峠道は「長嶋ふるさと懇話会」の会員によって、掘り起こし整備された。「江戸道」と「明治道」が、ほぼ同じルートをとっているため、識別が難しいが、案内板に沿って下れば迷うことはない。途中の「沖見峠」で一休み。下りきったあたりの「一里塚」跡や「猪垣」の見事さなどを見ながら、順路に従っていけば、道の駅に着く。

鉄道線路が津まで延びてきたのは明治二四年（一八九一）十一月。津・相可（現多気）間の開業は二年後の明治二十六年一二月のこと。当時熊野地方にはいるには「鳥羽から汽船によるかここ（相可のこと）から自動車の便に頼むが好い、尾鷲から木の本まで発動汽船便あり、木の本から自動車一時間にて熊野川の川口に近き新宮町に行ける」（鉄道省編「鉄道旅行案内」大正十年十月）という状態だった。

大正八年（一九一九）に測量に着手した紀勢東線（相可―尾鷲）の中でも、大内山・紀伊長島間は荷坂峠を十三のトンネルで貫く最大の難工事であった。

「この区間には一九一四メートルの荷坂トンネルがあるほか、二五％の急勾配、急曲線が連続する運転上問題のあるルートだった。これが選ばれた理由は海岸まわりのルートが海岸に沿って厳しい地形になっており工期が長くなると考えられたためであった。このようにして選ばれた荷阪峠ルートさえ着工から十年もかかっている状況である。」（「国鉄の車両十三」保育社）

「海抜一七三・四メートルの大内山駅から荷坂峠を下って紀伊長島にいたる十一・五キロには十三か所のトンネル（のべ四・九三二キロ）、鉄橋九か所がありその工事は我が国鉄工事の中でも、まれにみる難工事であった。

十三のトンネルで貫いたＪＲ荷坂峠

本工事は大正十五（一九二六）年四月大倉土木株式会社の請負により着手、紀伊長島停車場本屋の新設工事が竣工したのは昭和五年四月一日である。工事だけで、五年の歳月を要している。総工費三六六万四二二二円、そのうち隧道費が二四七万七一八円で総工費の六七・四パーセントに当たっている。この工事のために労働者一一名が殉職した。」（「紀伊長島町史」）

国鉄（紀伊）長島駅は昭和五年（一九三〇）四月二十九日に開業した。津から「八二・九」キロの延長に三七年の歳月を要して、蒸気機関車がやっと東紀州の地に入ってきたのである。ちなみに紀勢東線が紀勢西線と結びつき、「紀勢本線」となったのは昭和三四（一九五九）年のこと。太平洋戦争を挟んで、さらに三十年近い歳月を要したのである。

荷坂峠には「江戸道」「明治道」のほかに、地元の人々が「線路道」と呼ぶ線路工事用の道が交差している。峠から十五分ほど下ると、左手・下のほうに五十メートルほどの線路とトンネルの口が見える場所がある。

天産多き熊野路の／　東を占むる玄関と／たたえる郷土のステーション／祝へたのしき開通式　当時の実践女学校の生徒たちがうたつた「開通式唱歌」もある。

ツヅラト峠越え

【コースタイム】JR梅ケ谷駅―栃古―ツヅラト峠―志古―JR紀伊長島駅（約8キロ・4時間）
【交　通】（行き）名古屋駅（近鉄特急1時間）→松阪駅（JR紀勢本線1時間15分）→梅ケ谷駅
（帰り）紀伊長島駅（JR紀勢本線特急2時間）→名古屋駅
＊志古から紀伊長島駅まではアスファルト道なのでタクシー利用も

つづら折の峠道をゆく

ツヅラト峠とは魅力的な名前である。九十九（つづら）折のことと言われているが、この程度の九十九折は、他の峠道にも多く見られるが、比較的平坦な伊勢からの道を歩いてきた旅人には、始めて歩く奥熊野の坂道であるだけに、九十九折の急峻と感じたのであろう。

梅ケ谷駅下車。大内山川は三瀬谷で宮川に合流して伊勢湾に流れ込む。ツヅラト峠から荷坂峠に至る稜線は伊勢湾と熊野灘の分水嶺となっている。したがって大内山川は、宮川に流れ込む支流としては最南部の源流部である。梅ケ谷から栃古までは、川幅十メートルほど、比較的ゆったりとした流れに沿って三十分。桧原大内山線の舗装道路を歩くことになる。山間の穏やかな風景を楽しみたい。

栃古橋を渡ると、道が二手に分かれ、右を取ると「犬戻り峡」という峡谷にいたる。渓谷の手前か

峠を下ったところにあるお花畑

ツヅラト峠から旅人は海を望んだ

庚申堂で見つけた三猿像。

絶景の峠からの展望

ら南亦山（982m）に至る「魚の道」と呼ぶ山道がある。古く長嶋の人たちが魚を宮川方面に運んだ道か。この山なみの奥にも、赤羽谷と宮川谷を結ぶ「池の坂越え」「野又峠」があっていずれも山間を延々と歩き続ける路である。左折してツヅラトをめざす。十五分ほどで『高野橋』。この橋を渡らないで、そのまま直進すると、道は急に登り坂になってくる。「旧熊野街道ツヅラト峠登口」と刻んだ標石が設置されている。谷を渡り、杉木立の間を縫って登りが続く。登り口から三〇分ほどで林道に出る。林道を一〇メートル登ったところがツヅラト峠。

実は、梅ケ谷から、この峠の直下まで林道を利用して自動車で来ることとが可能なのだ。地元の人たちは、ほとんどここまで自動車でやってくる。その方法だとツヅラト峠越えは、まったくの下り道だけのコースを取ることになる。

峠へ向かう土くれの古道

海を一望する東屋へ

ツヅラト峠には、熊野の海を眺める絶好の位置に東屋が立っている。ここでしばらく休んで、遠くの海や、そこに浮かぶ島々を眺めたい。補陀落渡海などを思い浮かべながら。

下りは、所々に残る石畳や、ちょうど中間点に位置する山の神や「右　いせ道」の道標石に目を注ぎ、足元に注意しながら、約一時間で麓につく。麓では、「ツヅラトを守る会」が丹精こめた、休耕田を活用したホテイアオイの池や、その他の景観を眺めながら一服したい。志古の谷は、志古の川となり麓の集落を過ぎたあたりで赤羽川に合流して、熊野灘へと流れ込む。

紀伊長島方面を望む

N
0
1km
米ヶ谷
758
地蔵
大内山川
至松阪・勢和多気IC
ツヅラト峠案内標識
うめがたに
中野橋
寺浦橋
八柱公園
消防センター
林道志子谷口線
栃古川
栃古
至ふれあい牧場
高野橋
大内山村
荷坂トンネル
42
登り口(道標)
林道
ツヅラト峠
357m
銀杏の木の下に三体の地蔵
旧国道
憩い石
沖見平
茶屋跡
荷坂峠
241m
志子川
石畳
紀伊長島町
伯父ヶ谷
三本松
(長八茶屋跡)
志子奥
巻上げ道
左右
道標
やいせ
まま道道
林道
山の神
田山
片上川
一里塚
志子
地蔵
墓地(シダレザクラ)
庚申
地蔵
道の駅
紀伊長島マンボウ
田山口
孫太郎トンネル
田山坂
422
赤羽川
長島トンネル
片上池
JR紀勢本線
至錦
ふれあい広場
マンドロ
260
ツヅラト峠案内標識
東長島公民館
きいながしま
766
長島港
至尾鷲
至熊野灘レクリエーション都市

三浦峠・始神《はじかみ》峠

【コースタイム】
〈周遊コース〉ＪＲ三野瀬駅―宮川第二発電所前グランドー江戸道―峠―明治道―ＪＲ三浦駅（約２キロ３時間）
＊自動車利用者は、出発点に駐車場
〈通しコース〉ＪＲ三野瀬駅―江戸道または明治道で峠（明治道がおすすめ）―馬瀬―ＪＲ船津駅（７・３キロ約３時間）
【交　通】（行き）名古屋駅（近鉄特急１時間）→松阪駅（ＪＲ紀勢本線１時間15分）→三浦駅
（帰り）三浦駅（普通）→紀伊長島駅（ＪＲ紀勢本線特急２時間）→名古屋駅

三浦峠

昭和二九年十二月三十一日まで、紀伊長島町の南に一つの村があった。三重県北牟婁郡三野瀬村である。三浦・海野・道瀬の集落名から一字ずつ取り「三野瀬村」と呼んでいた。荷坂峠を越えて奥熊野に入った旅人は「一石峠」を越えて、古里には入り、「のこぎり坂」を越えて道瀬に入った。さらに、道瀬から一・五キロの峠を越えて三浦へと歩いた。熊谷道とも呼ばれるこの峠道が世界遺産として登録された。

三浦峠は、国道四十二号の三浦トンネルの上にあるので、トンネルの手前で左に入ると、道は急坂になるが二十分も歩けば峠に至る。あとはなだらかに三浦の里へと下っていく。植林山の中をきれいに整備された道が続き、家族連れで歩くには格好の道となっている。峠から小一時間で、ＪＲ三野瀬駅に着く。ここから民家の中の道を歩き、十五分余で始神峠の登り口に至る。

始神峠への入口にある東屋

木洩れ日の古道を歩く

始神峠から紀伊長島の海を望む

埋もれていた古道を発掘

始神峠

二十数年前になるが、職場の仲間と三人で始神峠の辺りを訪ねたことがある。梅雨の晴れ間の日曜日、ヤマモモの実を採りに行ったのだ。馬瀬の側から登って、峠近くの大きなヤマモモの木の下で、用意したコウモリ傘をさかさまにして、ヤマモモの実を集める友人たちをよそに、懸命に峠のあり場所と茶屋跡を探した。が、生い茂る羊歯や雑木に阻まれてその両方ともに確認できずに、山を降りてきた。

当時、三浦からの道はまったく開けておらず、案内板は一つもなかった。ただ、山働きの人たちだけが古道らしき道を利用していた。

ここ数年の間に、峠に至る道、峠の周辺はすっかり整備され、江戸期の熊野古道伊勢路はかなりの程度までに復活した。

明治道へと向かう

「江戸道」を歩く

昭和三三（1958）年一月に完成した宮川第二発電所の東にある駐車場に車を置いて出発する。西北の山中に大きな放水路となっている鉄管が見えるが、明治道を取ると、その鉄管の上を歩くことになる。発電所完成時に植樹した桜並木は、植樹後四五年を経て、毎年、四月上旬になると、見事に開花して楽しませてくれる。

江戸道はその桜並木に沿って、ダムの放水路に沿って歩きはじめればよい。このあたりは、往時の面影がなく、歩き始めて、坂道が急になる辺りからが江戸道らしい雰囲気になる。

海抜一四七メートルの峠へ道は、馬越峠や八鬼山越えと比べて、それほどきついとは思えないのだが、二百余年前（寛政八年二月の三日か）にこの峠を越えた越後の文人鈴木牧之は「西国札所一、二の険難にして」と言っているのは、ややオーバーな表現であろう。もっとも、荷坂峠を越えてきた牧之にとっては、最初の峠らしい峠であったと言うこともできる。

牧之が峠に立った日は、太陽暦では一七九六年の三月一一日のこと。まだ深い雪に覆われている越後の塩沢を思い浮かべて、なんと暖かい春の日であろうと思ったに相違ない。夜明け前に峠に立って、東方の空明けなんとするを眺めているところからすると、前夜は三浦に宿ったのだろう。

「海に上る日は車輪のようで、ほのぼのとさし上って、鶯もどう

かつての姿がよみがえった明治道

したことか、左右でなき啼きかわしている」

待ちかねて鶯啼くか日の出潮
大洋に潮の花や朝日の出

眼下に見事な三浦の海、潮の見事な文様、のぼり来る朝日、啼く鶯の声、鈴木牧之は奥熊野の見事な早春の明け方に出会ったものである。

雑木林を歩く「明治道」

牧之が佇んでいたのは峠の茶屋跡のあたり。そこから数メートル馬瀬側に下りると、道幅一間余、高さ三、四間の岩を切り抜いた切り通しがある。明治の熊野古道改修時（明治一三年頃起工、二一年改修）に掘られたもの。ここを通り抜けて、下り道が「明治道」である。

実は、この峠の下には、大正期の自動車道とトンネル、昭和初期の国鉄の軌道とトンネルが走っていて、「江戸道」「明治道」と合わせて、近世・近代の道の歴史が凝縮している。

江戸道は桧の植林の中を歩くのに対し、明治道は豊かな雑木林の中を行くことになる。幹周り一メートル前後の桜、コナラ、シイの林を歩く。大八車行き来したであろう、落葉散り敷く道がつづく。峠から約一・五キロ、石畳はないが、途中数箇所に見事な石積みがある。往時の手作りの仕事振りに思いをはせる。

峠の切通しを通らないで、そのまま直進すると海山町馬瀬に至る。明治道が中心の旧道。途中に宮谷池を眺め、やがて、馬瀬の里へと下りていく。

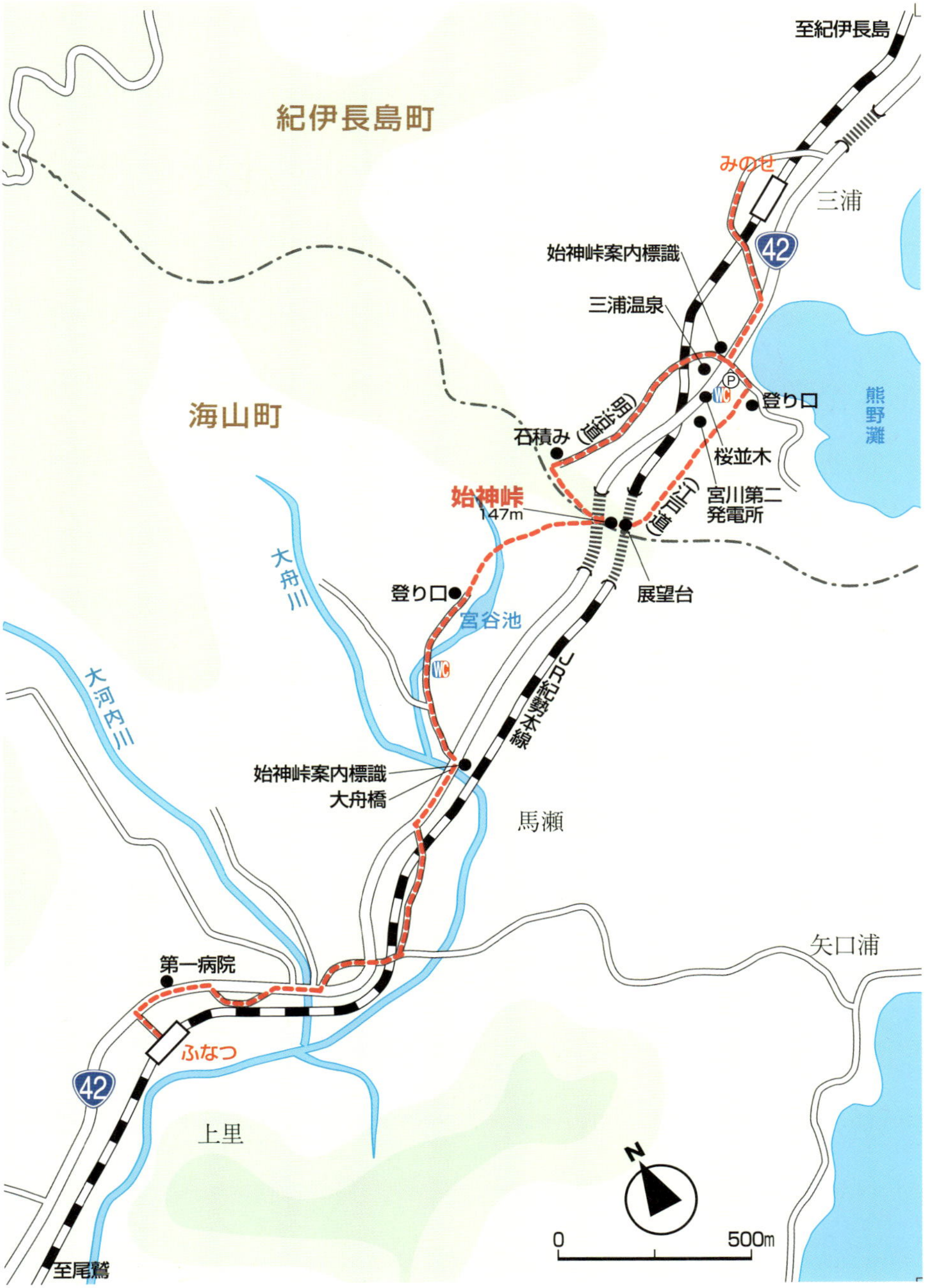
至紀伊長島
紀伊長島町
みのせ
三浦
42
始神峠案内標識
三浦温泉
熊野灘
登り口
明治道
石積み
海山町
桜並木
始神峠
147m
江戸道
宮川第二
発電所
大舟川
登り口
展望台
宮谷池
大河内川
JR紀勢本線
始神峠案内標識
大舟橋
馬瀬
矢口浦
第一病院
ふなつ
42
上里
0
500m
至尾鷲

馬越峠《まごせ》

【コースタイム】道の駅「海山」―鷲下バス停―峠―尾鷲神社―（3キロ　3時間）
JR相賀駅―峠―JR尾鷲駅（約6・5キロ　4時間）
※天狗倉山経由は、往復1時間プラス
【交　通】（行き）名古屋駅（近鉄特急1時間）→松阪駅（JR紀勢本線1時間15分）→相賀駅
（帰り）尾鷲駅（JR紀勢本線特急2時間）→名古屋駅

芸術的な石畳

「伊勢路の特色は石畳が立派なことである。ふつう石畳といえば、平面に敷き詰めたものや階段状のものが多く、かえって歩きづらいこともある。もちろん伊勢路にも、比較的新しい時期に敷設された石畳にはこの種のものもあるが、とくに馬越峠や八鬼山越の石畳は、自然石をたくみに配し、歩幅にそって少しずつ高くなるよう設置されているので疲れが少なく、このような芸術品ともいえる石畳が延々とつづくことに感激する（「熊野古道」小山靖憲著　岩波新書）。

この石畳路が整備されたのは、寛永一二（1635）年、紀州藩の熊野往還道整備のころとするのが定説だが、海山町側の銚子川の対岸に便の山という集落があって、今も石工を業とする家が二、三軒あるが、往時は十数軒あったという。

それらの人々が中心になって、この石畳は敷設されたに違いない。彼等の日当は、米一升であったと尾鷲大庄屋文書は記す。

シダの下生えとヒノキの生い茂る馬越の古道

美しい石畳がどこまでもつづく

石に刻まれた文字

尾鷲は日本で有数の多雨地帯なので、今でも、豪雨のときには石畳の上をごうごうと水が流れ長靴で歩くのがやっとなほど。石が敷かれてない土道ならば、道そのものが流されてしまうに違いない。石は全て周辺の谷や山から採取した花崗岩を使い、道幅一間ほどに、折り重なるように敷き詰められている。道の途中にある岩石をそのまま利用したところもある。いったい何万枚の石を敷き詰めたのだろう。歩く人の歩幅にあわせて、足を置くことのできる作りようは「芸術的」といっていいほどだ。

海山側に「夜泣き地蔵尊」、尾鷲側に「桜地蔵尊」を見ることができるが、これらは行き倒れ人を哀悼してのものではなく、旅人の安全を願って建てられたもの。馬越峠越えの道は、むかしも今も、日

雨の古道。独特の美しさを見せる

暮れて道遠く・行き倒れるような難路ではない。

　夜泣き地蔵の上の辺りは、なかでも傾斜のもっともきついところだが、そこのところの石の上に、文字らしきものが刻まれているのを見つけた人がいる。一休みして立ち上がろうとして、カメラを置いてあった石をふと見たら、そこに文字が刻まれていたと言うのである。

　遠州深見村

　〇しや（一字不明）

と読める。鑿《のみ》かなにかで掘ったものであろう。刻時の年はわからないが、江戸中期から後期にかけてのものである。二百年近くの間、旅人の足で踏み続けられ、それでも判読できるほどに残っていることからして、相当深く刻み込んだものであろう。

　どういう目的で、どのような人が刻んだのか。想像するだけで十分楽しいのだが、おそらく半日以上は要したであろう、石畳の上に文字を刻む、遠州深見（静岡県袋井市または掛川市）の人の営みが懐かしい。

可涼園大江桃乙句碑

桃乙は幕末期に当地を訪れた近江の国の遊俳。生没年はよくわからないが、嘉永五年に熊野巡遊の旅に出て、地元の人たちに俳句を教えた。このときの記録に「烏日記」があると郷土史家は記すが、これも所在不明である。桃乙の活動を示すものとして、嘉永七年（1854）年に建立されたこの句碑は貴重である。

　夜は花の上に音あり山の水

岩船地蔵堂（跡）

句碑の立つあたりに「岩船地蔵堂」が建っていた。

享保の頃、一人の相撲取りが、栃木県下都賀郡岩船町の高勝寺から地蔵尊一体を背負って、この峠までやってきた。峠で茶屋を経営していた世古平兵衛が、この地蔵尊を譲り受け、お堂を建立して安置したとの伝承がある。このとき地蔵尊の台座として岩船が作られ、それには「享保八年（1723）二月廿四日、施主茶屋平兵衛」と彫られた。地蔵尊の仏身高は四八センチ、蓮台高十五センチ、台座の岩船の長さ七二センチの見事な地蔵像は、今、麓に安置されている。なお、狼の被害に困惑していた茶屋平兵衛が自ら出向いて、地蔵尊を持ち帰ったという伝承もあるが、どちらにしても、台座に書かれた享保の頃からお堂に安置され、旅の安全を願う巡礼たちのたむける香煙が絶えなかったという。明治になって「地蔵堂据え置き願い」が出されているが、廃仏毀釈の時流に押され許されなかったのか、篤志の背に担がれて麓に下りることとなった。当時の遺構としては、石垣が残る

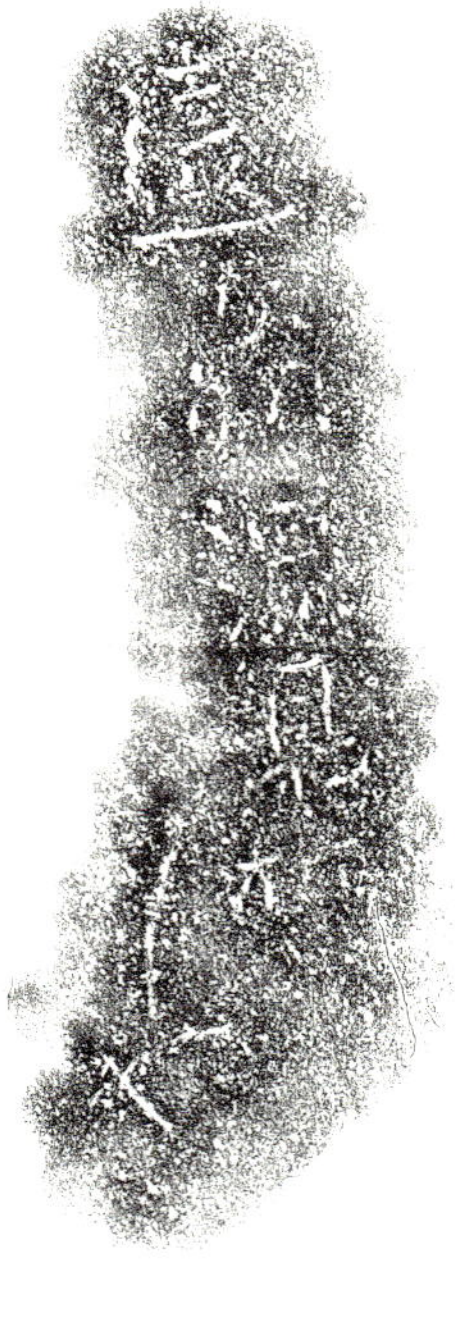

「遠州深見村　○しゃ」（一文字不明）と石に刻まれた文字

昭和十一（1936）年六月二十四日、午後二時八分着の汽車で、雨情（明治十五年・1882―昭和二〇年・1945　没年六四歳）は紀勢東線の終着駅・尾鷲駅に下り立った。

五四歳の民謡・童謡作家は地元の観光協会の招きで、ご当地歌謡の作成のために来訪した。尾鷲の堀町にあったという「五月亭」の二階で歓迎の宴が催され、翌日には早くも尾鷲の名所を詠み込んだ十五番からなる「尾鷲小唄」が披露されている。

尾鷲恋しや
馬越の峠
いく度涙で越したやら

雨情はこれらの名所旧跡を歩くことなく、文字通り机上で作り上げたのだが、翌日には九鬼に出かけて一泊し「九鬼小唄」を発表している。二つの小唄は、佳曲に恵まれることなく、全国的な愛唱歌にならなかったことが惜しまれる。

雨情が尾鷲を去って七十年近くになるが、熊野古道の見直しが進むなか、二〇〇二年の三月「雨情の歌碑」が馬越の古道沿いに建立された。

鰤は港に
杉檜は山に
紀伊の尾鷲はよいところ

刻まれた文字は、雨情の直筆の揮毫から掘り起こしたものである。

野口雨情の歌碑

猪の鼻水平道

熊野古道伊勢路のうち馬越峠越え四〇町（約四三二〇メートル）は、明治の熊野街道改修計画によって、小山浦から海岸沿いに天狗倉山半島を一周して、尾鷲に入る約八キロの路線に変更され、明治一九年四月着工、二一年春竣工し、当地方ではじめての車道として完成した。

開通式には、石井三重県知事を先頭に人力車をつらねて多くの人が通過した。

明治二六年十月一日に、尾鷲へやって来た天田愚庵は、「孫背坂の新道、なだらかなれども余りに迂りなりと聞けば故道をゆく。上り十八町下りも十八町、いと険し、やうやく尾鷲に宿る」と記し、新道（明治道）を避け、故道（江戸道）を通っている。

大正五年四月、桜茶屋経由の県道開通によって二つの道はまったく廃されてしまった。

この明治道は、海抜百メートルほどの高さをほぼ水平に歩くので岬の「猪の鼻」の名をとって、「猪の鼻水平道」と呼ばれ、格好の散歩道として整備、復元された。

猪の鼻からは、急坂を登って「狼煙場跡」への道が整備され、オチョボ岩、天狗倉山を経て馬越峠へと至る道としても通行が可能となった。

のみ。
みな人を乗せて浄土に
みちびける世々の誓い
のくちぬ岩船

峠の茶屋（跡）

宝永七年（一七一〇）の記録に「馬越峠にありきたりの茶屋あり……」とあるので、十八世紀初頭に、茶屋が営業していたことは明白である。文献上はたどれないが、紀州藩主のお成りや、巡見使の通行にあたって、この峠が御小休の場所になっているので、街道整備とともに開かれたことと思われる。間口四間ほど、奥行き二間余の板葺きもしくは桧の皮ぶきの建物である。岩舟地蔵堂と古道を挟んで対面する形で立っていた。

商っていたのは「もち、わらじ、ぞうり、きざみたばこ」などであった。茶屋の当主は代々「世古平兵衛」を名乗っている。茶屋を閉じた年は不詳であるが、明治三十年前後と思われる。明治十九年没の平兵衛（磯次郎）の次の世代であろう。

旅人に、休憩所を提供するとともに、役人通行の際の休憩所として半官半民的な性格を帯び、平地の茶屋とは一味違う役割を果たし続けて二百数十年、代々の平兵衛氏は麓の馬越墓地に今も並んで眠っている。

峠の周辺

馬越峠から、尾根道をたどること三十分。古くから「テングラサン」と地元民に親しまれてきた標高五二二メートルの山頂に至る。

石畳の上を水が滑るように流れていく

季節、天候によりさまざまな表情を見せる

山頂の大きな巌に登ると、三百六十度の眺望が広がる。北を望めば、眼下の銚子川を隔てて台高の山々。東から南に目を転ずると、尾鷲湾口に浮かぶ桃頭《とが》島・佐波留《さばる》、投石《なげいし》の島々とその向こうに熊野灘の雄大な景。尾鷲の最高峰・高峰山（１０４９ｍ）も見えている。

さらに一時間ほどで「おちょぼ岩」。ここからは海山町の引本・相賀などの集落と船津川・銚子川の川口を眼下に、遠く志摩の半島、リアス式海岸の構造を手にとるように見ることができる。さらに三十分ほどで、「狼煙場跡」。江戸期の狼煙場に使われた台石がかすかに残っている。

「狼煙場跡」から、一気に猪の鼻に下り、一時間半ほどで、水平道をたどり、尾鷲に戻る。また「道の駅・海山」へと向かうこともできる。

至紀伊長島
あいが
便ノ山
相賀
宝泉寺
馬越峠
案内標識
種まき権兵衛
の里
760
海山町営
グランド
銚子川
キャンプinn
海山
道の駅海山
42
鷲毛(バス利用者はここから)
夜泣き地蔵
馬越一里塚
海山町
林道
馬越峠
325m
可涼園桃乙句碑
天狗倉山
522m
(絶景)
オチョボ岩
桜地蔵
尾鷲市
馬越公園
馬越不動尊
山の喫茶
「山帰来」
岩屋堂
猪の鼻
水平道
入口
馬越峠
案内標識
425
墓地
尾鷲神社
おわせ
椿茶屋
北川橋
馬越屋
尾鷲湾
尾鷲港
778
尾鷲市役所
JR紀勢本線
三田火力
発電所
JA
778
東邦
石油
向井
(バス利用者はここから)
おおぞねうら
大曽根公園
八鬼山
案内標識
献灯所(登り口)

八《や》鬼《き》山《やま》越え

【コースタイム】ＪＲ大曽根駅（特急利用の場合は尾鷲駅）―尾鷲節歌碑―駕籠立場―九鬼峠―三木峠・八鬼山―（江戸道）―ＪＲ三木里駅（約９・３キロ　４時間）
【交通】（行き）名古屋駅（近鉄特急１時間）→松阪駅（ＪＲ紀勢本線１時間15分）→尾鷲駅
（帰り）三木里駅（普通列車）→尾鷲駅→名古屋駅

尾鷲節道標

標高六二七メートル。伊勢路の中では、最大の難所である。かつては山賊や狼が出没し、旅人を苦しめたといわれ、ここで行き倒れた巡礼も多く、石畳の傍らには町石を兼ねた地蔵さんや墓碑も多い。今は案内板も道も整備されているが、難路であることに変わりはない。

　江戸時代後期、矢浜村の宮大工の弟子喜久八（十八歳）は、宮普請の仕事に出かけた三木里村で庄屋の娘・お柳（十七歳）に出会い、逢瀬を重ねたが、棟梁に見つかってしまい、仲を裂かれ矢浜に追い返されてしまった。

　無理に別れさせられたお柳は、毎日険しい八鬼山を眺めながら、あの八鬼やまさえなければ喜久八に会えるものと、泣きの涙で暮らしていた。そのお柳の心情を歌ったのが尾鷲節の一節として残っている。

　ままになるなら
　あの八鬼山を
　鍬（くわ）でならして通わせる

　昭和三三年、相賀徳一氏によって、八鬼山の入り口に、記念の碑

（上）いたるところで石仏に出会う
（左）八鬼山の石畳の道

急峻な登り道をゆく

が建てられた。ここが八鬼山の入り口である。

駕籠立場《かごたてば》

紀州藩主や巡見使が通行するとき、駕籠を止めて休憩した場所である。

紀州藩主でこの峠を越えたのは、元和九（１６２３）年初代徳川頼宣、享保七（１７２２）年六代宗直、宝暦十一（１７６１）年宗将、寛政十一（１７９９）八代重倫の四人、巡見使は、将軍が代替わりするごとに諸国を視察して回った。いずれも百人をゆうに越える人数で、通行する村々に多大の出費と労力を負担させた。

石畳道

馬越峠と同様、八鬼山の古道にも石畳道が続いている。尾鷲地方の雨は「下からも降る」といわれる豪雨であり、年間降水量は四千ミリを越える年も珍しくない。道の土砂が流れ、道そのものが流失するのを防ぐために敷設したものである。敷設するときに、あまりに大きな石はそのままにして使用した。七曲がりの手前の坂の真ん中にあるにある「かなかけ石」の表面は、鉋《かんな》で削ったように見える。

また、石畳の石の上に足をかけると、石がかすかに動き音を立てるものがあり、地元の人は「ゴットン石」と呼んでいる。

町石《ちょうせき》

麓の村矢浜を起点として、八鬼山の頂上までの道程五十町と言われているが、一町ごとに町数を刻んだ石仏が置かれていて、町石と呼んでいる。当初は五十体あったが、現在では三十四体が残っている。ほぼ完全な形で残っているのが十体、他の二四体は鼻が欠けた

頂上までの距離を刻む町石

り、舟形の一部が破損したりしているが、その一つ一つの表情を眺め慰められながら、厳しい坂道を歩くのがよい。

最初に出会う町石は、矢浜からの十五町石である。祠におさめられていて、正面に地蔵尊、右に「大湊　太田十衛門尉」、左に「十五町　妙秀丙戌九月十八日」とある。ここでの「丙戌」は天正十四（１５８６）年のことで、現存するものでは最も古い町石である。これを最初に、次々に町石が並んでいるが、これらの町石は、伊勢の御師や大湊の廻船問屋衆の寄進によるものがほとんどで、近世前期の伊勢と熊野参詣との関係を知ることが出来る。

町石の形は、全て舟形石蔵で、地蔵尊は右手に錫杖、左手に宝珠を持ち袈裟がけである。

大きいものは、高さ七六センチ、幅三六センチ、その中に身長四〇センチの地蔵像が浮き彫りになっている。重さは六〇キロほどである。小さいものは高さ六〇センチ、幅二九センチくらいで、重さ三七キロくらいである。地蔵像の左右の文字は、町数だけのものもあり、地名、年月日、氏名があったりで一定していない。

ベロ出し地蔵

地名で判読できるものは「伊セ山田、河崎、岡元、大湊」など。年号については、天正十四年のもの二体、同十七（１５８９）年のもの七体、同十九（１５９１）年のもの一体などである。寄進者の氏名については、太田十江門尉（二体）、村山武斉、有田椿叟太夫、

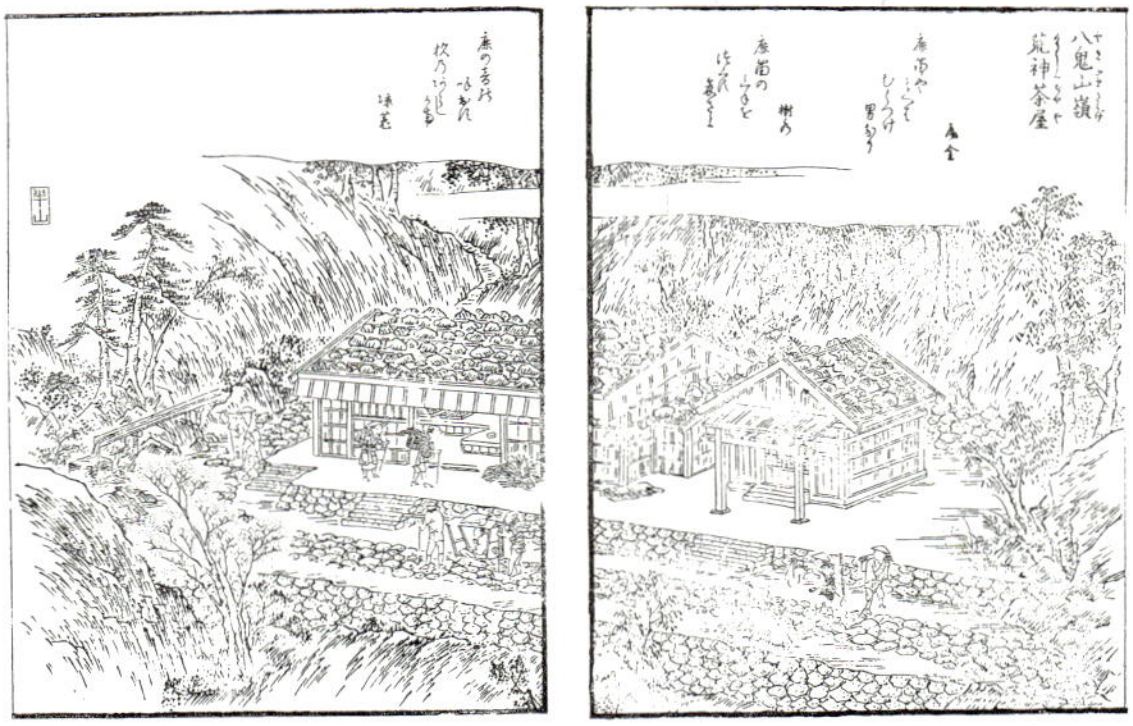

名所図絵に描かれた八鬼山の茶屋

源太夫などがあり、伊勢山田の外宮の御師たちである。宇治の内宮方の地名や御師名のないのが、庶民の伊勢信仰の実体を示していて興味深い。

ベロ出し地蔵さん

修験者、巡礼、旅人たちを八鬼山で迎えた地蔵菩薩の顔をよく見ると、大きく舌を出している「ベロ出し地蔵」があるのに気づく。端正な顔立ちに口を一文字に結んだ地蔵さんが一般的だが、ここでは大きく舌を出しているのが三体、半ば舌を出しているのが四体、小さく少しだけ出しているのが六体、唇とともに突き出しているかに見えるのが二体ある。八鬼山の語り部、野田敦美さんは、「これらベロ出し地蔵が置かれていた場所は、七曲がりの急坂の途中、登りきった辺り、一里塚を過ぎてせせらぎの水飲み場から蓮華石の辺り、最後の急坂を登りきった九木峠のあたり、荒神堂への登り坂あたりと、旅人があえぎあえぎ歩いているところとか、ほっと一息いれるあたり、道の要所要所に置かれていたのではないか」と言っている。（町石の置かれている場所は、当初一町ごとに設置されていたのが、いつのまにか廃れたものがあり、移動させられたものがあったりして、近年新たに据え直されているので、今では里程を示す目安にはなっていない）

どちらにしても、伊勢路最大の難所・八鬼山越えの路傍にあって「ベロ出し地蔵」は、柔らかな舌を出して、昔も今も旅人を迎えてくれているのである。

駕籠立場の少し上にある「石像不動明王立像」は、伊勢神宮遷宮復活に功績のある清順上人の徳を慕い、その菩提のために立てられた供養碑である。石も朽ちるかと思えるほど、風化しているが、「永禄九年（１５６６）四月三日」と記され、尾鷲市内では最古の石像である。

八鬼山荒神堂と茶屋跡

八鬼山の頂上まであと二十分ほど手前のくぼ地に、日輪寺荒神堂と茶屋跡がある。

この寺は大宝二（７０２）年、修験者阿闍梨の返昌院仙玉法印の創基と伝えられ、平城天皇の時代（８０６―８０９）に坂上田村麻呂が「南蛮の悪鬼を鎮めた」ので、

短命の詩人・立原道造（1914・大正3―1938・昭和13）は、昭和十一年八月二七日の早朝、知り合ったばかりの土井治氏（ペンネーム・桧山繁樹、英文学者）とともに紀勢東線・尾鷲駅に降り立った。

「その年の夏が終わろうとする時、彼は私とともに尾鷲へ来た。わずか一泊だけの尾鷲であったが東京に生まれ育った彼には、尾鷲の海の底ぬけに明るい南国的な風景が殊に気に入ったようであった。私たちは二人で巡航船で木本まで行き、新宮からプロペラ船で瀞を訪ね、瀞で一泊し、その翌日新宮の駅で、勝浦から汽船で大阪に廻る彼と別れたのであった。」（土井治「立原道造のこと」）

わずか一日の滞在なのに、道造は尾鷲の印象を友人たちに筆まめに送り届けている。

「記の国の空はなごやかに青い。夏の色はまだ移らずに、とまっている。海の青。島は緑に憩んでいる。――僕の心を傷（やぶ）るものはひとつもない。蝉の歌がひびいている…。

ここは紀勢東線の終点の町。僕がいまいるのは、土井さんのおうち。もう勝負事などもせずに、くらしている。思いも及ばなかったしずかな平安な日々だ。では。」（柴岡亥佐雄宛・8月27日）

海の道（巡航船）を選んだ立原道造

「記の国の八月なかばの蝉の歌を耳にとめながら、熊野灘の海の青を眺めている。空はなごやかに憩んでいる。もう失われた筈の夏が、ここでは、しずかに息づいていた。僕は元気になる。きれいな屋根、黒と白の壁のこころよい調和、その上を鳶が悠々と飛んでいる。ではまた。」（小場晴夫宛・8月27日）

この旅の体験が「のちのおもひに」のなかに、語られている。そこには「尾鷲」の語句はないものの、明らかに、この旅で見聞きしたものが描かれている。

うららかに青い空には陽がてり　火山は眠っていた

――そして私は

見て来たものを　島々を　波を　岬を　日光月光を

だれもきいていないと知りながら　語りつづけた…

十五年戦争のさなか、日本の暗い谷間の時代、道造二二歳、土井治二一歳の、夏の日の出来事である。

矢《や》の川《こ》峠と吉川英治

昭和九（1934）年十二月九日、紀勢東線尾鷲駅まで開通。昭和十一（1936）年十月十六日、省営国鉄バス尾鷲・木本間開通。この二つによって、紀伊半島を陸路で往来できることになった。なかでも、矢の川越えのバスは、海抜八〇七メートルの峠を越えて、尾鷲・木本間四五キロを二時間四五分で結んだ。峠を越えるバスは1959（昭和三四）年七月十四日までの二三年間にわたって無事故で、多くの旅人を運んだ。翌十五日は紀勢線が全通する日、そのための運転停止であった。

吉川英治（明治25・1892―昭和37・1962）が、峠の茶屋で一服したのは昭和二五年十二月十二日のこと。週刊誌に連載中の「新平家物語」の取材のための旅である。「正午近くに宿を立つ」というから、ずいぶんゆったりとした出立である。宿は尾鷲の「五丈」旅館。バスではなく、尾鷲営林署提供のトヨペット。

「峠の上で降りて一休みする。岩陰に、杉皮と戸板で囲んだ掘っ立て小屋がある。みかん、キャラメルなど少しならべて、赤子を負った三十歳がらみの痩せた女性が、土間の焚き火のトロトロ火へ、薬缶をかけて、湯を沸かしている。

ぼくらの姿を見、茶をついでくれる。その手の痩せていること、この山中の木の肌にもない。お負いばんてんの背をのぞくと、女の子らしい、何も知らずに眠っている。」

矢の川越ゆれば　尾鷲が見える　見える夕べの宿の娘が

今も愛唱されている尾鷲節の一節。吉川英治の作である。

矢の川峠旧道の隧道

最大の難所といわれた「七曲がり」

八鬼山とか九鬼とか三鬼とかの名があるという幕末の記録（『西国三十三ケ所名所図会』）とも対応して面白い。「八木山」「三木」「九木」の表記も、平行して使われているので、「鬼」と関連してだけで考えるのは注意をようする。「焼山」という記録もある。

長い間、荒廃していた日輪寺を再興したのが各真という名の修験者である。その各真が亡くなった時、その徳を慕う弟子や信者によって、「三宝荒神石像」が奉納され、高さ一メートル、仏身五五センチの石像が日輪寺の本尊になったという。

「信州の住人、各真権大僧都、八華山日蓮、此時本願、三宝大荒神本尊、天正四年甲子今月今日所願成就、如意」と彫られた本尊は、今も、お堂のなかに安置されている。なお、天正四年は１５７６年、正しくは丙子の年である。

お堂の裏手の墓地に万宝院鏡道法印（俗名岩本右京）の墓がある。文久元（１８６１）年三月十六日、尾鷲南浦武八の子浜助（一二歳）が使用人吉松（十八歳）をともに、賀田から尾鷲に帰る途中、道づれになった男にこの山中で襲われた。そのとき、助けを求める声に応じて万宝院が駆けつけ、盗賊を討ち取ったという。事件の次第を藩に報告したところ、紀州候からおほめの言葉があり、金一両のほうびが与えられたとのこと。八鬼山には狼が出たり、盗賊がでたりして旅人を悩ますことが多かったようだが、そのたびにお堂や茶屋の人たちが助けたのであろう。

茶屋については、「名所図会」に詳細な図が出ており、茶屋の南の崖際に、木か竹の樋から水が流れているのが描かれている。その場所に、今も絶えることなく、谷水が流れ続けている。

同じ絶頂の茶店にて

春寒し見おろす海の果てしなき　牧之

七尺の歯朶しげミをかざし哉　加舎白雄

（安永一　１７７２年４月　白雄三五歳）

峠の風景と江戸道の復活

八鬼山の山頂を過ぎて、すぐの所に最近整備された「桜の森公園」がある。眼下に、九鬼の町を、熊野灘の向こうに志摩半島を、はるかに大台山系の嘉茂助の頭に至る稜線を眺めることができる。

道は、山頂のところで明治道と江戸道に別れているが、今はほとんどの人が江戸道をたどり、十五郎茶屋跡を経て、三木里へと下る。実は、明治の頃、江戸道は二カ所の崩落があって通行不可能となり、数十年にわたって、落葉に埋もれて人々の記憶からも消えかかっていた。それを三木里の人々が掘り起こし、整備したのは数年前のことである。

ここでの明治道と呼ぶ道は、他の明治道と異なり、歩道としての道であり、いわゆる八鬼山の明治道は、明治十三（１８８０）年三月一日の熊野古道改修計画で、矢の川越えにルート変更された。往時の矢の川越えルートが自動車道路として最終的に完成したは昭和十一年（１９３６）のこと。第一次改修計画策定以来、五六年の歳月を要した。八鬼山にしろ矢の川にしろ、ともに容易ならざる峠道であった。

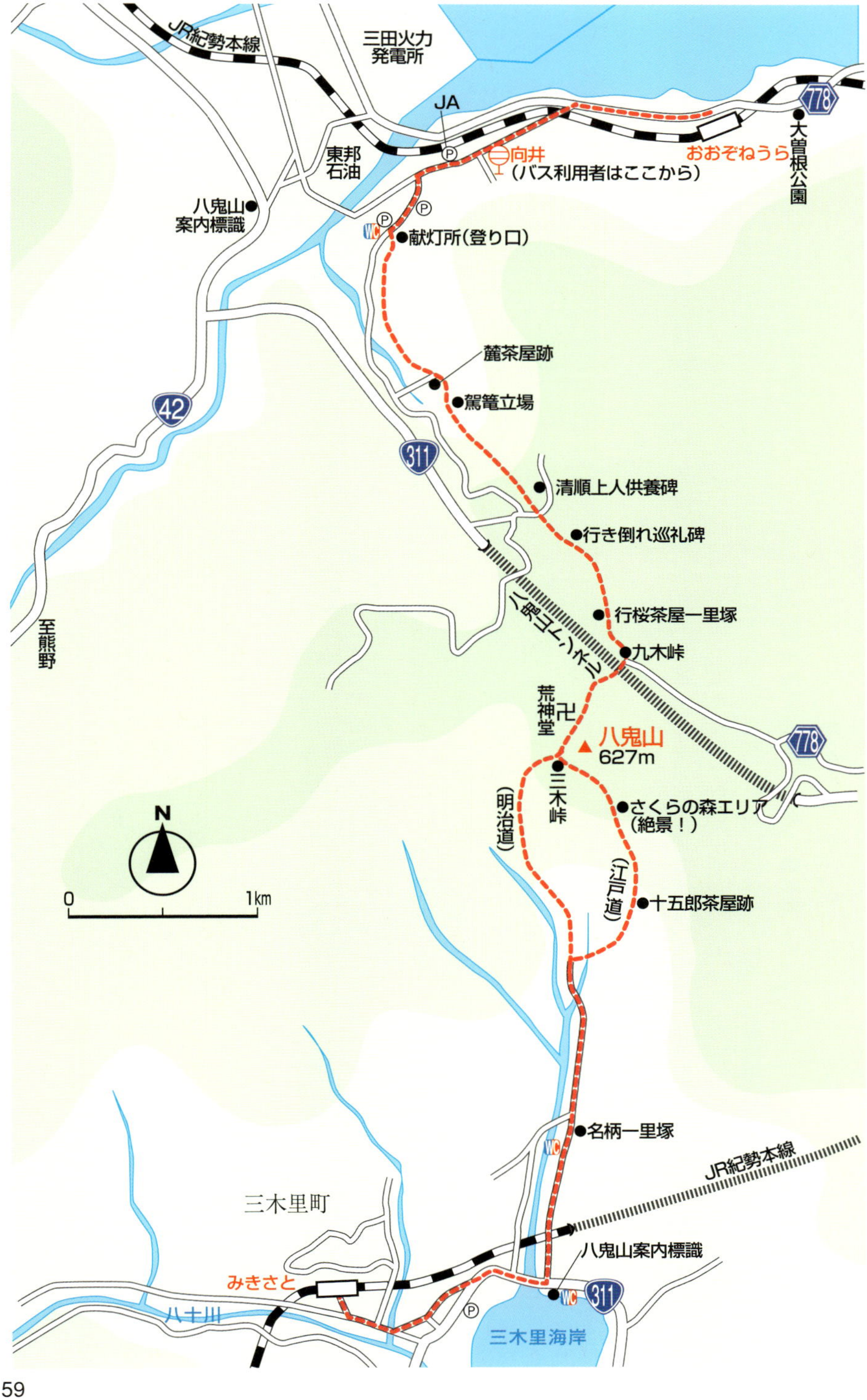
JR紀勢本線
三田火力
発電所
JA
778
大曽根公園
向井
(バス利用者はここから)
おおぞねうら
東邦
石油
八鬼山
案内標識
献灯所(登り口)
麓茶屋跡
駕篭立場
42
311
清順上人供養碑
行き倒れ巡礼碑
至熊野
八鬼山トンネル
行桜茶屋一里塚
九木峠
荒神堂
八鬼山
627m
778
三木峠
(明治道)
さくらの森エリア
(絶景!)
(江戸道)
十五郎茶屋跡
N
0
1km
名柄一里塚
JR紀勢本線
三木里町
八鬼山案内標識
みきさと
八十川
311
三木里海岸

三《み》木《き》峠・羽《は》後《ご》峠

【コースタイム】 ＪＲ三木里駅―三木峠入り口―三木峠―農道―羽後峠入り口―賀田―ＪＲ賀田駅
（約4キロ　4時間）
【交　通】（行き）名古屋駅（近鉄特急1時間）→松阪駅（ＪＲ紀勢本線1時間15分）→三木里駅
（帰り）賀田駅（普通）→尾鷲駅→名古屋駅

見事な猪垣を眺めながら

八鬼山を下りた旅人は、三木里から湾内を船で渡ることが多かった。道中記でも、「紀伊長島から船に乗ることは」禁じているが、「三木里より曽根にいたる山路二里、その中間に賀田という浦里ありこの三木の浦より曽根にいたる入海一里の船渡しあり　陸路二里の山道」を一里の船で渡れるのだから「いたりて便利である」と、船での渡りを推奨している。

西国一の難所を下りてきた疲れを、賀田湾の悠々たる渡船で癒したのであろう。現在では、ここを渡船でたどることができないから、三木峠で一服し、賀田の入り口への道標を見たり、羽後峠からの下り道に沿って、見事に築かれている猪垣を眺めながら、歩き続けることにしよう。

加舎白雄の一行も、安永一（1771）年の四月に、八鬼山を越え

「古江・加多の浦里をうちながめつつ二里ばかりほど船にのる」

すずしさは荒布波よる舳先かな

志ら尾

鈴木牧之（二七歳）一行八人は、寛政八（1796）年の二月上旬に八鬼山を下り、「新宮までの旅の憂さを慰めようと、この日の朝獲れたばかりの尾鰭も動いている大きな鯛を一匹買い求め、替わる替わる、天秤で担いで歩く」

巡礼の背なに散りけりさくら鯛

牧之

と詠み、この夜、泊りは曽根か二木島であろうが、まな板の上でこの桜鯛の鱗を引いて食している。

鱗の花散って哀やさくら鯛

善根宿

さて、船に乗ることができずに、この山道をたどった少数の人々に

三木峠へ

三木峠を下り羽後峠をめざす

三木峠への道より賀田湾を望む

人の踏み跡もまばらな古道

猪除けの石垣「猪垣（ししがき）」

巡礼がいた。彼等は三木里から賀田にいたる途中の集落、古江を廻っていくことがおおい。日暮れて道遠い時には、そこなる「善根宿」に世話になることもあった。

善根宿とは漂白の巡礼者や行き暮れた旅人を世話する宿泊所のこと。深い信仰心（善根）に基づき、難渋する巡礼者たちを温かくもてなした。

土と草に埋もれていた三木峠・羽後峠の古道は、地元の人の手によって掘り起こされ、在りし日の姿をよみがえらせた

古江・和兵衛の善根宿

文化、文政の頃、三木峠と羽後峠の中間に位置する漁村古江（奥熊野木本組古江浦）に一軒の善根宿があった。和兵衛の宿である。

文政十三年八月七日（西暦1830・9・23）の日暮れ方。三人連れの親子が、善根宿に到着した。肥前高来郡船越村（現・長崎県諫早市）の百姓杢助（三十歳）と妻と子供である。子供の名は伊八郎、妻の名は不明。

翌八日は朝から激しい雨のため、逗留。九日、快晴になり、和兵衛に送られ出立。羽後峠の辺りで、「杢助儀、急に病気さし起こり」途方に暮れた三人は、和兵衛の宿に引き返すこととなった。地元の医者に往診を依頼したり、懸命に看病するもかなわず、「五日の間わずらい候て、八月十三日九ツ時、病死いたし候」ということになる。

和兵衛は初七日までの間、伊八郎母子を逗留させ、葬儀仏事を全て滞りなく世話している。一日おいて八月十五日に、母と伊八郎は、再び羽後峠を越えて古里めざして旅立っていった。

二人が無事に諫早まで帰りついたかどうか、古江の人々は知るよしもなかったが、八年が経過して天保九（1838）年の春、諫早の杢助の親類一同の手になる感謝の手紙を持参して、すっかり成人した伊八郎が、供のものとともに古江を訪れている。墓参とお礼のためにわざわざ訪れたのである。

「すぐにも、お礼に出向かねばならぬところ、なにせ遠国相隔てておりますので、……」と親類代表が述べているように、諫早と古江の間の旅は想像以上に大変だったのである。

なお、杢助の墓はこの文書が発見された庄司家の墓地内に今もたっている。

賀田の集落に建つ五輪塔

見事な「猪垣」が遠くまでつづく

古道に建つ道標

紀伊山地の奥に分け入ると、こんなところにと思うようなところに炭焼き窯が残っていたり、猪垣や石垣が累々と積まれているのに出会ったりする。それは、高度経済成長期を迎える以前に、いかに多くの人たちが山の中で生活していたかを示しているのだが、山中に一つの集落を形成して、それがそのまま捨てられている風景にも出会ったりもする。ところが、かっての生活の跡も、捨てられて三十年も経過すれば、それらの跡は生い茂る草木に覆われて、ほとんど森林に回帰してしまう。紀伊山地の林業を長きにわたって支えてきた杉や檜が、植林後数十年経つと成木と成って伐採期を迎え、深い森林を形成することと考え合わせれば、住む人がいなくなれば、その痕跡もやがて見えなくしてしまうという紀伊山地の生命力の深さを知らされることになる。山中にある、人と棲家もまたかくの如きものなのだ。

古道もまた、これと同じである。近世を通じて、この地域の主要な生活道であり、参詣道であったこれらの道は、明治二十年前後に「熊野街道改修計画」によって、改修や路線変更によって「明治道」と呼ばれる新道を作り、大正年間には旧国道四十二号線が完成し、それと前後して、峠道を中心とする熊野古道は山中に放置されることとなる。

以来、八十年余が経過したことになる。三木峠・波後峠などは道の入り口すら解らなくなっていた。曽根次郎坂・太郎坂は甫母峠と二木島の間が羊歯と倒木とに全く閉ざされていた。大川善士さんをリーダーとする「ルーパーの会」の数人は、数年かけてこの区間を掘り起こした。次は「三木峠と波後峠を開くよ」と大川さんが語ったのは、七、八年前のこと、以来、二、三年で掘り起こしてきた。それらは「世界遺産登録」が話題になる前のことであり、結果として世界遺産の道を掘り起こしたことになるのだが、大川さんたちを動かしたのは、少年期に歩き遊んだ故郷の道を再興したいという思いであった。道は完全に自然に回帰していたが、人々の記憶の中に生きていた。古道を蘇生させるラスト・チャンスであったといえる。荷坂峠も、始神峠、松本峠も、横垣峠も、それぞれの麓に住む人々によって掘り起こされた。世界遺産熊野古道・伊勢路は、その多くは、麓の人々によって再生させてきた道なのである。

古道を掘り起こした人々

世界遺産にこそ登録されなかったが、例えば、新宮から相野谷を通り、風吹き峠を越えて、紀和町の片川集落へ下りて行くところに「トロトロ坂」があるが、この古道もきれいに残っており、巡礼の悲話などを伝える道である。紀伊山地の中に点々と埋もれている、これらの道は、さらなる発掘と世に出る日を待っている。

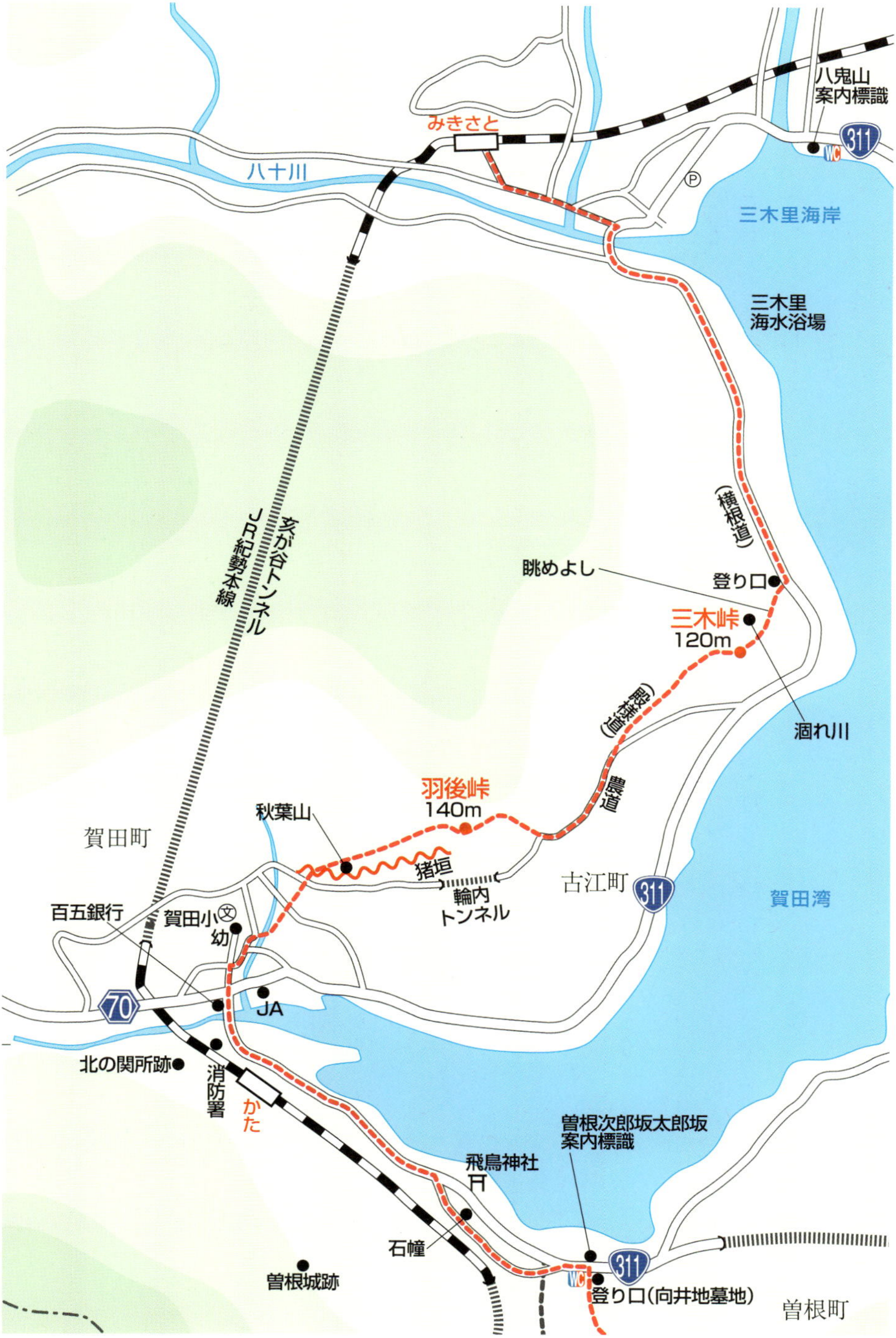

みきさと
八鬼山
案内標識
311
八十川
三木里海岸
三木里
海水浴場
亥が谷トンネル
JR紀勢本線
(横根道)
眺めよし
登り口
三木峠
120m
(殿様道)
泗れ川
羽後峠
140m
農道
秋葉山
猪垣
輪内
トンネル
賀田町
古江町
賀田湾
百五銀行
賀田小
幼
JA
70
北の関所跡
消防署
かた
飛鳥神社
石幢
曽根城跡
曽根次郎坂太郎坂
案内標識
登り口(向井地墓地)
曽根町

曽《そ》根《ね》次《じ》郎《ろう》坂・曽《そ》根《ね》太《た》郎《ろう》坂

【コースタイム】ＪＲ賀田駅—曽根—甫母峠—二木島—ＪＲ二木島駅（約6キロ・4時間）
※三木峠・羽後峠越えと合わせて、ＪＲ三木里—ＪＲ二木島間を一日コース。ただし、ＪＲの運行本数（各駅停車）が少ないので、事前に十分調べてから歩き始めること。
【交通】（行き）名古屋駅（近鉄特急1時間）→松阪駅（ＪＲ紀勢本線1時間15分）→尾鷲駅→賀田駅
（帰り）二木島駅（普通）→尾鷲駅→名古屋駅

尾鷲と熊野の国境

次郎坂・太郎坂というのはこの地では珍しい名前であるが、信濃、上毛の国境碓氷峠にもあるように、全国の国境には、よくある名という。

甫母《ほぼ》峠（標高３０５ｍ）は現在でも尾鷲市と熊野市の境界であるが、大化二（６４６）年から天正十（１５８２）年まで、九百三十六年の間、志摩の国と紀伊の国の国境であったことから来ている。

甫母峠までは曽根の人々にとって「自領（じりょう）」であり、峠から向こうは「他領（たりょう）」であり、それが、いつのまにか「曽根次郎坂・曽根太郎坂」になったというのである。

甫母峠の茶屋を「ほうじ茶屋」と呼び、今も立派な茶屋跡が残るが、この「ほうじ」も「榜示」であって、中世、杭または石などに

西国三十三ヵ所の巡礼道としても、
歩む人の絶えなかった曽根の古道

巡礼行き倒れの墓碑

時折開ける眺望を楽しみつつ歩く

よって領地・寺領などの境界を標示したものであるから、ここにも国境を示す名残を見ることができる。

巡礼行き倒れの墓碑

曽根次郎坂を登り始めてまもなくの所に「行き倒れ巡礼墓碑」がある。正面に「東雲須道信士」、左側面に没年「文政十三（１８３０）年寅四月四日」とあり、右側面には出身地として「武州足立郡中之田村　喜八」（埼玉県浦和市）とある。

しばらく進むと、右側に一里塚が見える。当地方の一里塚としては、もっとも保存状態のよいものである。

甫母峠までの登り坂は、それなりの厳しさがあるので、八鬼山を越えて、二木島まで歩く旅人には行き倒れるものが出てもおかしくない。峠の手前にも巡礼の墓碑がある。

楯ケ崎

峠道で存在感を誇る「鯨石」

「速心向道信士」（正面）。寛政七年（１７９５）午四月二日に没した武州葛飾郡小松川村（埼玉県吉川郡小松川村）の茂兵衛の供養碑である。

峠には石室があって、その中に地蔵尊座像が一体祀られている。台石に次のごとく刻まれている。「願主　京紫大徳寺地中　禅門浄陀　宝暦七（１７５７）丁丑七月一日」

峠の茶屋跡で一服し、まっすぐ東に下ると、熊野市甫母にいたる。往時は曽根と甫母を結ぶ生活道であったが、今は、草木が生い茂り通る人がほとんどない。甫母の地を過ぎて、一時間ほどで名勝「楯ガ岬」にいたる。

峠から二木島めざして比較的アップダウンの少ない尾根道を歩くことになる。途中はるかに楯ガ岬を遠望できる場所がある。

今も遺る多くの猪垣

太郎坂の終りに近づくと、急な下り坂となる。その前後に「猪垣」が見えてくる。紀伊山地は、現在も猪が多く生息していて、里に下りてきては農作物を取り荒らしていく。いたるところに、猪の被害から里を守るために「猪垣」が構築されているが、ここのように構築の記念碑が建てられているのは珍しい。寛保元歳（１７４１）年三月上旬から、翌年の二月まで一年をかけて、松葉清右衛門が頭取となって築いたとある。

記念碑の近くには、猪を捕らえるための大きな穴も掘られていて、農作物を守る農民の苦労を目の当たりにできる。

甫母峠「ほうじ茶屋」跡にのこる地蔵の祠

二木島へと下る

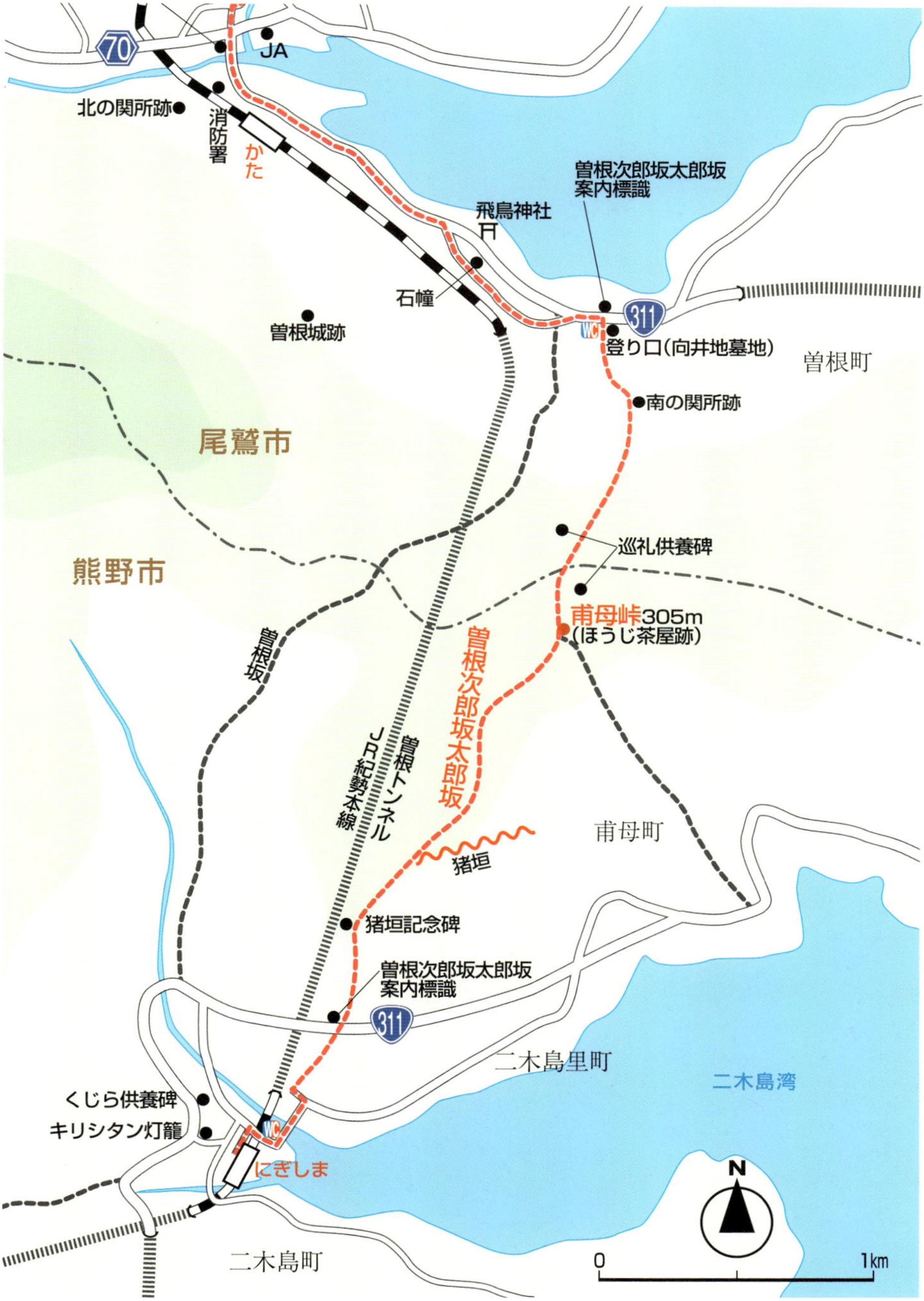

70
JA
北の関所跡
消防署
かた
曽根次郎坂太郎坂
案内標識
飛鳥神社
石幢
曽根城跡
311
登り口（向井地墓地）
曽根町
南の関所跡
尾鷲市
巡礼供養碑
熊野市
甫母峠305m
（ほうじ茶屋跡）
曽根坂
曽根次郎坂太郎坂
曽根トンネル
JR紀勢本線
甫母町
猪垣
猪垣記念碑
曽根次郎坂太郎坂
案内標識
311
二木島里町
二木島湾
くじら供養碑
キリシタン灯籠
にぎしま
N
0
1km
二木島町

二木島《にぎしま》から大泊《おおどまり》へ

【コースタイム】二木島駅―二木島峠―逢神坂（世界遺産登録3・0キロ）―新鹿海岸―波多須の道（世界遺産登録　0・3キロ）―波多須―大吹峠道（世界遺産登録　1・4キロ）―大泊―JR大泊駅（約10キロ・6時間）

【交通】（行き）名古屋駅（近鉄特急1時間）→松阪駅（JR紀勢本線1時間15分）→尾鷲駅→二木島駅
もしくは、熊野市駅で降りて大泊までタクシーを利用。
（帰り）熊野市駅（JR紀勢本線特急2時間30分）→名古屋駅

往時をしのぶ峠越え

梅雨の中休みの一日、二木島から新鹿・波田須を経て、大泊まで歩こうと出かけた。JR大泊駅で午前八時二十八分発の上り列車に乗る。車内には、リュックを担ぎ、杖を持った七、八人の古道歩きと思われる人が乗っている。波田須、新鹿、二木島はいずれも無人駅、二木島で下車した私たち五人のほかには、乗降客は一人もいなかった。この間の営業距離は八・四キロ、乗車時間にして十分である。

この日の行程は、この汽車で行けば十分余の区間を六時間ほどかけて歩く。この時間差は、近世と近代との生活時間の差ということになる。

安永元年（１７７２）四月のある日、「南紀吟行」の途次、加舎白雄の一行は二木島周辺で一泊して、佳句を残している。

帋帳ごしに魚燈の匂ふ雨夜哉

白雄一行は、陸路を取らず、二木島から木本まで船に乗っているが、これは当時の旅としては例外で、ほとんどの旅人は木本までの三里半ほどの道程を一日がかりで歩いている。

寛政八（１７９６）年の鈴木牧之一行も、陸路を二木島峠を目指して歩き始める。

二木島峠へ

二木島の駅は集落より一〇メートルほどの高台にあるが、坂を降りたところから登り始める。十分ほどで一里塚跡と呼ばれるところに着く。

一里塚は痕跡をとどめないが、キリシタン灯籠が石室の中に残る。弾圧が激化する前の江戸初期のものといわれるが、弾圧の厳しさを潜り抜けて、このような禁教の対象物が、なぜ残ったのかはよくわ

二木島峠よりの眺望

二木島峠へ向かう古道

新鹿海岸

新鹿《あだしか》と三浦樗良《ちょら》

俳諧大辞典によれば、樗良の熊野滞在は宝暦九（１７５９）年正月から三月まで木本、同十一年から十二年末まで新鹿、明和四（１７６７）年から五年の初夏の頃まで新鹿とある。宝暦十一年（１７６１）の頃には、新鹿の久保川と里川の合流地点にあたる二股川のほとりに「岐川庵」なる庵を建てて、木本や新鹿の門人二十名余を指導しながら、「二股川集」などを刊行している。この間は「天明期の俳人」樗良にとって不遇の時期で、伊勢俳壇との折り合い悪く、「紀南逃亡」との表現もある。新鹿滞在中は酒色にふけり、二木島の遊郭にひたり、そこで知り合った遊女かよをやがて伴侶としたと言う。

宝暦十二年の「壬陽春の吟」に

　山家に春を迎えて

　山々や桜の中の花の春

　陽炎や雉子売ありくきつねかな

富める人のせはしげなるも　行としのありさまなるべし

　乞食ぞと人にこたへん年の暮

新鹿の砂浜に近い、林の中に昭和三十四年に樗良の句碑が建てられた。

　消えもせむ有明月の浜千鳥

波田須駅近くより海を望む

からない。灯籠の竿にあたる部分だけが残り、花崗岩《かこうがん》製の高さ九十センチほどの像なので気をつけて見ないと、普通の石像のようにも見えてしまう。

すぐに、道は国道に出て、数分歩くと右側に二木島峠への上り口が見える。坂道を歩くこと三十分ほどで、二木島峠。道は最近整備されたばかりで、この日も熊野森林組合の人たちが三人で、草刈り機を使って作業をしていた。峠には茶屋があったというが、どこにあったか判別できない。

逢神坂《おうかみざか》峠へ

二木島峠から逢神坂峠までは、なだらかな道をゆったりと歩く。水呑み場横に地蔵があり、「施主庄五郎・善吉」とある。江戸後期の建立で善吉は二木島浦の庄屋とか。逢神坂の名前の由来は、伊勢の神と熊野の神とが出会う所からというのが通説だが、昔、狼がよく出たので狼坂と呼んだとも。

かつては大きな松の木があり、その脇に峠の茶屋があったというが、確定できない。ここは駕籠立場もあったという。村と村との駕籠の中継場所だったということ。道は、下りとなって新鹿へと下りて行く。

新鹿《あだしか》海岸に沿って、集落の中を歩くことになるが、新鹿駅の案内に「日本一の美しい海岸」と説明のある砂浜を眺めながら、東屋で休憩をして、ぽつぽつと降ってきた雨を避けて弁当にする。

「波田須《はだす》の道」の石畳

新鹿の町を国道に沿って歩くと、右に人家の間を上っていく旧道があり、JRの線路を越えて、さらに坂を登る。しばらく進むと、道は再び国道に出るが、十分ほどで、トンネルとなる。トンネルの入り

徐福伝説

徐福渡海の最初の記録は、漢の征和二年（ＡＤ91年）に完成した司馬遷の「史記」にある。秦始皇本紀、二十八年の条に徐福（ここでは徐市）が海中にある三神山に住む遷人を求めに行くための上書を出したとある。（ＢＣ２１９年）。同じく秦始皇三五年には「(不老長寿の）薬を求めてと表記があり、三七年の条には渡海した徐福は九年後に一度帰ってきたとの記録がある。どちらにしても、徐福渡海の記事はあるが、日本へ渡ったとの記録はない。

徐福の日本渡来説が始めて登場するのは「義楚六帖」（九百六十年頃）という。当時の日本には、徐福が神薬を求めようとした蓬莱山は富士山のことであり、徐福がここに永住し、子孫は秦氏を名乗ったとする伝承があったという。

徐福が紀州熊野へやってきたと言う説の最初は、南宋の亡んだ一二七九年、北条時宗の招請で来日した宋僧無学禅師の詩に「香を紀州熊野の霊祠に献ず」とあるのが最初と言う（以上、「徐福伝説考」逵　志保）。

徐福日本渡来伝説は、紀州熊野を始めとして、肥前佐賀、安芸厳島、尾張熱田、三河小坂井、秋田男鹿半島、津軽小泊、八丈島、青ケ島、富士山、丹後半島など全国各地に分布している。熊野古道周辺にも、新宮と波田須に徐福神社があって、それぞれ徐福伝説との関連が伝承されている。

徐福なる人物がそもそも存在したのかという説については、一九八二年六月、中国江蘇省連雲港市で徐福村が発見され、歴史学者の考証により同地が徐福の故郷であることが判明し、これが徐福実在に結びつく最初の遺跡発見ということで、どうやら実在説が確定したかと思われる。これで徐福伝説の前半は史実として語られることになったが、後半の日本渡来説については「徐福の渡来から千年以上もたってできた単なる伝説である」とする説を覆すにたる史実、遺跡等の発見はない。

徐福神社（波田須）

なお、徐福が求めたと言われる「不老長寿の薬」は、尾鷲を北限として熊野古道沿いにも見ることの出来るテンダイウヤク（天台烏薬）が、それだという説もかなり確定的に伝承されている。

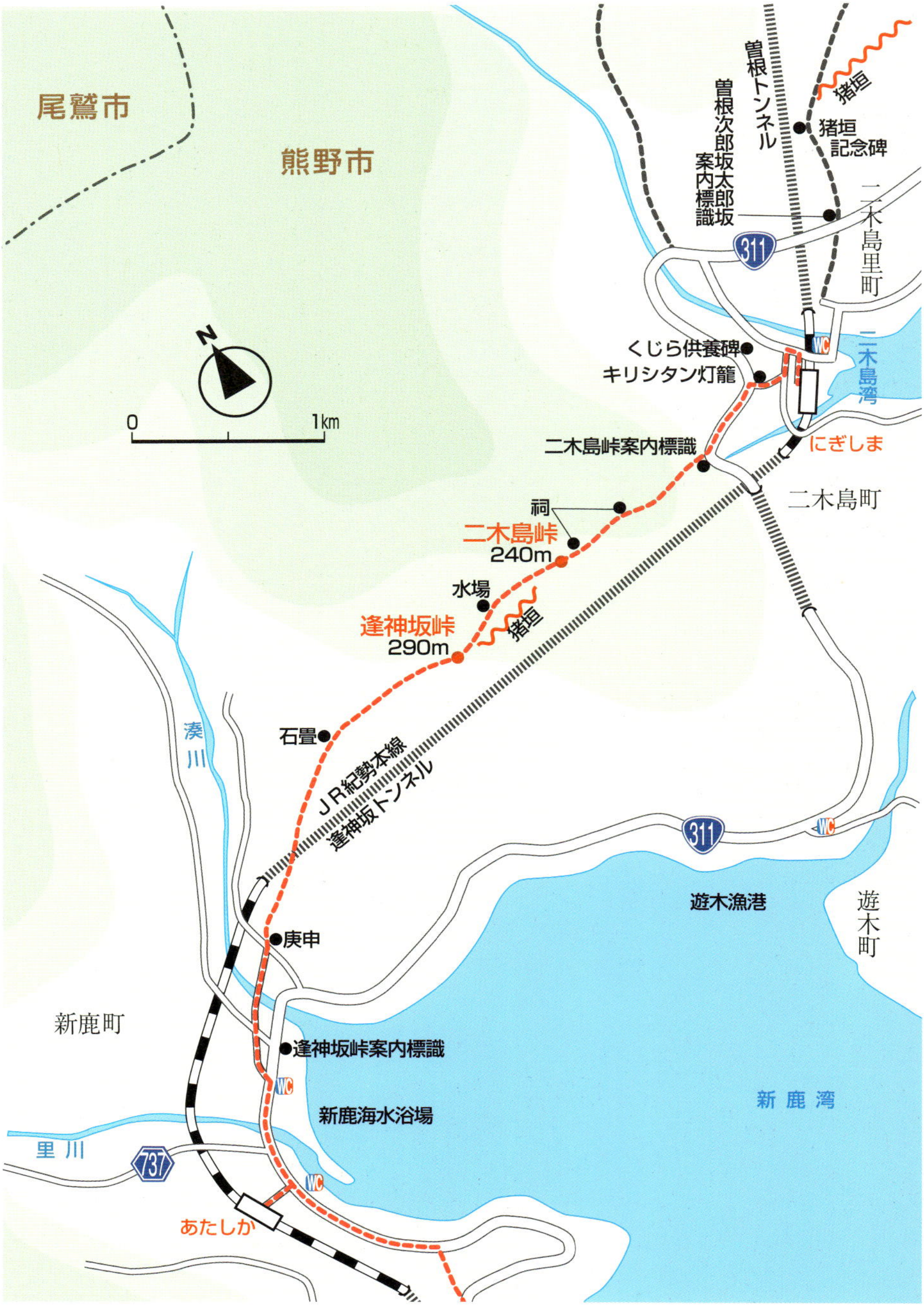
尾鷲市
熊野市
曽根トンネル
曽根次郎坂太郎坂案内標識
猪垣
猪垣記念碑
二木島里町
311
くじら供養碑
キリシタン灯籠
二木島湾
にぎしま
二木島峠案内標識
二木島町
祠
二木島峠
240m
水場
逢神坂峠
290m
猪垣
0
1km
石畳
JR紀勢本線
逢神坂トンネル
湊川
311
遊木漁港
遊木町
庚申
新鹿町
逢神坂峠案内標識
新鹿海水浴場
新鹿湾
里川
737
あたしか

口を左の山の中に入る道が古道。すぐに峠に出る。新鹿と波田須の境である。

峠に標示はないが弘化二（一八四五）年の下総の国神戸由左衛門の道中記に「大引峠ニ西行松有」とあるので、「大引峠」と呼んでいたと想像できる。峠の波田須側に古道に面して、数軒の民家が昨日まで住んでいた様子でたっている。

東波田須の集落から、波田須へ越える小さな坂道は、「波田須の道」と呼ばれ、見事な石畳が残っている。伊勢路では一番古い時代のもので鎌倉期の道といわれている。この時代の石畳は、一つ一つの石が大きく敷き方も豪快で、馬越峠のような江戸時代に敷かれたものと区別できる。やがて通る大吹峠の木本側坂道のものが、特に秀逸である。

波田須神社（明治四〇年徐福神社等四社を合祀）の境内を抜け、道はゆっくりと波田須の集落に下っていき、徐福上陸の地として伝承のある徐福神社へいたる。徐福の墓碑が立っているが、明治四十年六月建立とある。

この辺で道は海抜一〇メートルほどになっているが、集落内にある街道沿いの「おたけ茶屋」や「弘法大師の御足跡水」を眺めながら、坂道を登っていくと、再びみたび国道に出る。右に国道を歩き、しばらくして左の山中に入れば、泊観音への「観音道」。左に国道を歩き数分で東屋の立つ小公園、ここが大吹峠への登り口。国史跡指定の石標が目印である。

竹林の古道・大吹《おおぶき》峠

大吹峠は孟宗竹の中を歩く「竹林の中の古道」である。

登り始めて十分ほどで竹が見えてくるが、標高二〇五メートルの峠から木本側が素晴らしい。竹は、そこにかって人家があり、人の生活の跡を示すものと言う。茶屋は跡もよくわからないが、説明版には「昭和二十五年ころまで営業していた」とある。とすれば、ここの茶屋は間違いなく古道の茶屋で最も遅くまで残っていたものである。昭和二十五年まで茶屋を必要とするほどに、人々が往来していたことを意味する。それは巡礼の道としてではなく、大泊と波田須の集落を結ぶ生活道として利用されたということだろう。では、この峠や峠越えの道を廃道に追い込んだのはなんだったか。国道三一一号線の敷設・延長と関係するのだろう。

峠で休憩していたら、雨が強くなり霧が出て、視界がきかなくなってきた。今から二〇八年前の寛政八年、越後の文人鈴木牧之一行もこの峠を越えている。早朝、二木島を出立と思われるから、午前十時頃であろうか。

「大吹坂にて、友一人見失ひ、五

竹林の古道・大吹峠

人の同行、かた唾を呑んで前後を見渡す。

友一人見失ふたり八重霞」

二木島から大泊までの一〇キロ余の古道は、歩く人の少ない道であるが、その石畳の見事さ、残された古道の美しさなど、熊野古道の雰囲気が最もよく残っている道といってよい。数時間かけて家族で、あるいはグループで、ゆっくりと安全に歩く道として推奨したい。

大泊駅に車を置いて、JRを利用して二木島駅から熊野を目指すコースがいろいろな点で便利と思う。大吹峠から、麓の集落に降りると、一〇分ほどで大泊駅である。

里川
737
あたしか
波田須トンネル
民家の前を歩く
王子跡
波田須神社
波田須の道案内標識
徐福の宮
天女座
御足跡水
おたけ茶屋
はだす
文字岩
熊野市
波田須町
大吹峠案内標識
登り口
大崎半島
井内浦農村公園
311
猪垣
大吹峠
205m
竹林
清滝
至尾鷲
ダイビングリゾート
熊野灘
42
おおどまり
石切場
大泊町
大吹峠案内標識
大泊海水浴場
磯崎町
松本峠
案内標識
登り口
松本峠
135m
N
0
1km

観音道《かんのんみち》・松本《まつもと》峠から 七里《しちり》御浜《みはま》

【コースタイム】

・松本峠

ＪＲ熊野市駅―松本峠登り口（大泊側）―松本峠（世界遺産登録　０・７キロ）―木本―ＪＲ熊野市駅（約2キロ　2時間）

・七里御浜（浜街道）

浜街道（北）ＪＲ熊野市駅―ＪＲ阿田和駅（約12・2キロ　約4時間）

浜街道（南）ＪＲ阿田和駅―ＪＲ新宮駅（約14キロ　約5時間）

＊浜辺を通して歩くわけに行かないので、所々に残る古道（浜街道）を歩きながら七里御浜を眺める。

三十三観音の道

国道四二号線を南下して、熊野市に入り、佐田坂にかかると熊野の海が見えてくる。改良された国道と、旧国道との分岐のところが観音道の入り口である。

○・九キロの参詣道の路傍には西国三十三所にちなんだ観音石像が一番から三十三番まで安置され、近郷近在の人々に深く信仰されてきた。お祭りともなると屋台や露天商が軒を連ねたという。

比音山清水寺といい、本尊は千手観音、大きな岩のなかに安置されていたので岩窟観音ともいう。泊観音縁起によれば、大同四（８０９）年、坂上田村麻呂《さかのうえのたむらまろ》の建立とのこと。お堂は朽ちてきており明日にも崩壊しそうであるが、その姿だけでも、山間の観音堂として多くの人々の信仰を集めた偉容を見ることができる。東紀州の民衆の観音信仰を物語る屈指の堂宇である。

観音道の観音様

松本峠へ

国道四二号の清滝大橋をわたり、信号を過ぎてすぐの右側が松本峠入口である。松本峠は標高一三五

観音道のゆかしきたたずまい

路傍につづく観音像

メートル。荷坂峠から十いくつもの峠道を越えてきた旅人にとって、新宮にいたる道では、さしあたって最後の峠道。この峠を越えれば、しばらくは七里御浜に沿っての浜街道を歩くことになる。

もっとも、木本から本宮道をとる人には、横垣峠・風伝峠が待ち構えており、那智を経て本宮を目指す旅人には、熊野古道最大の難所大雲取・小雲取が待っている。ここ松本峠とそれにつづく七里御浜は、しばらくの憩いの道ということになろう。

峠までは、やや急な坂道を二十分ほど。途中振り返ると、眼下に大泊海岸。その向こうの石切り場のあたりが、大吹峠からの下り道、左手の山中には比音山清水

西国巡礼にちなみ三十三観音が祀られる

松本峠の古道

寺、古道も古寺も山の中にあって姿は見えないが、そこを通り過ぎてきた旅人には遥拝するに十分な景色である。

鉄砲傷の地蔵さん

峠には、竹林に囲まれて等身大のやさしいお顔の地蔵さんが立っている。江戸時代、元禄期、木本の鉄砲の名人大馬新左衛門が、早朝に峠を越えて新鹿に行き、帰りにすっかり暗くなって、この峠にさしかかると、行きにはなかった大きな地蔵さんが立っていた。地元の住民が昼間に運んだ地蔵さんを、妖怪と勘違いして鉄砲で撃ってしまったとのこと。気をつけてみると、向かって右側の衣の裾辺りに鉄砲穴とも見える小さな穴があるが、その時にあいたものという。

鉄砲で撃たれた跡がのこるお地蔵様

七里御浜を望む

鉄砲傷の地蔵さん、首なし観音さん、鼻欠け地蔵など、熊野古道だけではなく、全国あちこちに受難の仏像を目にするが、そのほとんどは明治のはじめ頃の廃仏毀釈《はいぶつきしゃく》時の民衆の仕業と思われる。それにもかかわらず、受難の石像群はそのことゆえに新たな信仰をかちとり、見事に立ち続けている。

　峠から、少し東に入ったところに東屋がある。そこに腰をおろして七里御浜を眺める。広がりにおいて、熊野古道伊勢路でも随一の景観といえる。

浜街道

眼下の木本の町から、新宮までの二五キロにわたって、幅三〇メートル余の砂浜が延々と続く。砂浜と住居地を隔てる堤防、その内側に国道四二号線、さらに内側にJR紀勢本線の線路が、ほぼまっすぐに延びている。

　これら三つの工作物によって、かっての浜街道は往年の面影を失っているが、七里御浜とその沖に連なる熊野の海の眺めは変わってはいない。ここを歩く現代の旅人は、妻を亡くした人は妻を、子を亡くした人は子を打ち寄せる波の向こうに求め、それはそれで懐かしい風景だと感慨を述べる。

　浜街道では、越えなければならない峠はないが、その昔は志原川や市木川の河口渡りで波にさらわれ命を落とした旅人もいるという。現在では、身の横を疾駆していく

奇観の岩壁・鬼ヶ城へ

「右ほんぐう近道、左じゅんれい道」と記されたた道標

車に気をつけなければならない。

口有馬の道標、有馬立石の巡礼道標（文政三年＝１８２０年建立。「右ほんぐう近道、左じゅんれい道」と記される）、有馬松原・中の茶屋跡、有馬一里塚跡、志原尻の竜神燈、御浜町に入っての三基の巡礼供養碑、浜辺の水神塔、市木の一里塚など街道沿いの史跡に往時の旅の困難さをしのびながら歩いていこう。

おおどまり
42
311
石切場
大泊町
磯崎町
大吹峠案内標識
大泊海水浴場
松本峠案内標識
登り口
松本峠
135m
熊野市
地蔵
東屋
鬼ヶ城
木本町
鬼ヶ城城跡(展望台)
登り口
松本峠案内標識
井戸町
くまのし
熊野市役所
七里御浜
34
獅子岩
141
ジャスコ
JR紀勢本線
有井トンネル
花の窟トンネル
42
花の窟
熊野灘
N
0
1km
ありい
至神志山
至御浜

横垣《よこがき》峠・坂本《さかもと》・風伝《ふうでん》峠

【コースタイム】神木公民館バス停―水壷地蔵―横垣峠（世界遺産登録1・8キロ）―坂本―尾呂志―風伝峠（世界遺産登録1・8キロ）―矢の川大平（約10キロ　4時間）
＊バスの運行回数が少ないので、事前に入念にチェックしておく
【交通】（行き）名古屋駅（近鉄特急1時間）→松阪駅（JR紀勢本線1時間15分）→熊野市駅
（帰り）熊野市駅（JR紀勢本線特急2時間）→名古屋駅

熊野三山へいたる二つの道

荷坂峠で奥熊野に入った旅人は、尾鷲や二木島に宿を取り、大体二泊三日の日程で峠越えの一筋の古道を歩いてきた。松本峠を越えて木本の町並みを抜け、七里御浜に出た辺りで古道は二手に分かれる。浜街道を南下して新宮・速玉大社を行くコースと花の窟を過ぎたあたりから西に道を取り、ふたたびいくつもの峠を越え、直接に本宮大社を目指すコースである。後者を「本宮道」と呼んでいる。

横垣峠から坂本へ

横垣峠は、妙見山から南に延びる西ノ峯山（標高五九三・二メートル）の南側山腹を回るコース。御浜町の神木を出発して坂ノ峠まで、厳しい坂道を二十分ほど登るとあとは平坦な路。五百メートルほど歩くと水壷（横垣）地蔵。

横垣峠の古道

弘法大師がここを通りかかったところ、喉が渇いたので、杖でついたところ水が出たと言う例の水にかかわる伝承のある湧水で、旅の疲れを癒しながら二対の地蔵を眺めたい。新しい地蔵と石灯籠には嘉永三（一八五〇）年戊十二月、大阪屋宗七が建立したと刻まれている。

坂ノ峠を境にして、路は坂本集

横垣峠の古道

山の上の溜池

御浜町で一番高い山は鵯山《ひよ》で、九〇二・八メートル。その東側に鷲巣山（八〇七メートル）が二番目の高さで聳えている。その山麓の上野から三時間余で登ることができるが、その山頂から、眼下に阪本の集落と山間の緩やかな棚田を眺めることができる。その山の中に、標高六五〇メートルの地点に、山の中には珍しい溜池が見える。日本の稲田の歴史は、溜池を築く歴史でもあったから、いたるところに溜池を目にすることが出来るが、この鷲巣池は、東紀州でも最も高いところにある溜池といえる。

坂本地区は昔から用水に乏しく、田植えの時期になると困っていた。村の庄屋・小原源七郎は大庄屋をはじめ木本代官、紀州藩に窮状を訴え、鷲巣山に溜池を構築する許可を得た。天保八（1837）年十一月に普請をはじめ、翌九年四月には、堤の長さ三十メートル、奥行き五〇メートルの池が完成した。さらに、その七年後には、その下流折山神社の奥一キロの場所に三倉谷ノ池を完成させ、この二つの溜池によって、坂本地区は豊かな村になったという。これらの溜池は今も、集落の田畑を潤している。

溜池最大の功労者・小原源七郎は「池水軒大宝栄寿居士」の墓碑とともに岩洞院に眠る。

坂本の同墓所には峰弥九郎の墓もある。弥九郎は狼の子を育て、見事な猟犬に仕立て上げたと言い、その猟犬が後の紀州犬になったといわれ、坂本は紀州犬の発祥の地としても知られる。

横垣峠の古道

亀島

落に向かうが、ここの石畳道も坂本の人々が近年、土砂の中から掘り起こしたもの。石畳の上を覆う木々の根っこに、埋没していた期間の長さを知ることができる。

掘り起こされた見事な石畳道を踏みしめながら、下っていくと坂本の集落が見え、その中心に亀島の石灯籠が見える。熊野古道の中でも、山間の集落の歴史と文化を一望できる風景として推奨したい。

この石灯籠は、坂本の棚田の並ぶ中ほどにあって、周囲二五メートル、高さ五メートルほどの地区の人々が亀島と呼ぶ大きな岩の上に座っている。石灯籠は碑の高さ二・五四メートル、文化一〇（1813）年酉吉日に阪本村の人々が立てたものである。

風伝峠越え

風伝峠（257m）とは旅情をそそる名前である。近世にあっては、紀州藩の奥熊野は七つの組に編成されていたが、風伝峠を挟んで東側は尾呂志組、西側を入鹿組と称し、標高数百メートルの山々に遮られ、この峠が両組を繋ぐ主要な街道であった。入鹿の側でしばしば発生する霧が、この峠を強い風に吹かれて越えるさまは、今

風伝峠の古道

も昔も好事家の垂涎の的である。風伝峠は、風の通う道であり、霧の越える道でもある。

平成二（１９９０）年四月一日に国道三一一号線の風伝トンネルの開通式が行なわれた。このトンネルの貫通とそれに伴う三一一号線の拡幅整備によって、入鹿地区への交通の便は一挙に改善された。新宮駅発の定期バスに乗って、入鹿地区や紀州鉱山を訪れるのは一日仕事であった。昭和四十年頃のことである。バスは風伝峠を越えるだけで三十分近く要したのである。

トンネルの完成は、古道と、峠

坂本集落を望む

越えを維持していた旧国道を生活道としては完全に過去のものとした。やがて、起きてくる熊野古道ブームのなかで古道が見直されてくるのとは対照的で皮肉な出来事である。旧国道尾呂志側の登り口にある「無人販売所」はこの地域の最初のものであったが、少し淋しくなった。峠の茶屋も風雪に耐えている。

古道イベントの一つとして、「ナイトウォーク」が実施され、その一人として満月の夜に風伝峠をこえた。林の中を歩いていくとどこからか、横笛の音が流れ旅人を迎えている。空には中秋の名月。懐かしい風景であった。

かって、峠の近くに高さ三・六六メートルの大きな宝筺印塔が立っていたという。今は麓の宝積院に移されているが、峠の周辺には石像が多い。

丸山千枚田

風伝峠を下りた辺りで、道は二つに分かれ、右は通り峠（標高三九〇メートル）を経て、十津川道となる。この道は、木津呂の渡しが廃されて久しいので、十津川へは、北山への迂回路を取る。左をそのまま進めば本宮道。

峠を越えると、丸山千枚田が広がる。

石原産業紀州鉱業所の盛んであった頃の歴史を伝える「鉱山資料館」。さらには、第二次大戦中のイギリス軍捕虜の収容所や強制労働などをしのばせる「英国兵墓地」など、山間の集落に歴史的、文化的史跡が多い。

丸山千枚田

千枚田がいつ造成されたかは不明であるが、慶長六（1601）年の浅野氏の検地では七町一反八畝の記録があり、二二四〇枚の田んぼがあったという。一番小さい田は一平方メートルに足らないかわいらしいもので、稲も数株しか植えられない。一枚の田の広さは平均十坪で、満月ともなると、その一枚一枚に、月が映り、丸山の「田ごとの月」が見える。高度経済成長とバブルの中で、平成五年には五三〇枚までに減少した。過疎化、減反政策、地域住民の高齢化などが原因だった。同じ年、丸山地区の住民が中心になって「千枚田保存会」が結成され、現在ではそのほとんどが復元され、田植えの時期、稲刈りの時期には田仕事で働く人々の姿とともに復活している。

一九九三年三月には「紀和町丸山千枚田条例」が、制定され、紀和町あげて、他地域の協力者とともに「千枚田に親しみ愛しつつ、その保護に一層努力することを宣言し」た。

一族山（標高八〇〇・五メートル）の山頂からは、眼下に見事に復活した丸山千枚田と、家々、それを包み込む山々が見える。千枚田を荒廃させた「地域の過疎化」「高齢化」「減反政策」等は、いまだ克服されていないだけに、その小ささゆえに人力に頼らざるをえない千枚田の維持、保全は容易なものではないだろう。「幾百年もの昔、一鍬ずつ大地を起こし、石を積み上げ、土をあてがいながら営々と二二〇〇余枚を造成し、以来、今日まで休むことなく天水を貯え、芝を刈りこんで耕作し、管理してきた」日本農耕文化の原点を守りぬく営みは、新たな視点で始まったばかりといえよう。

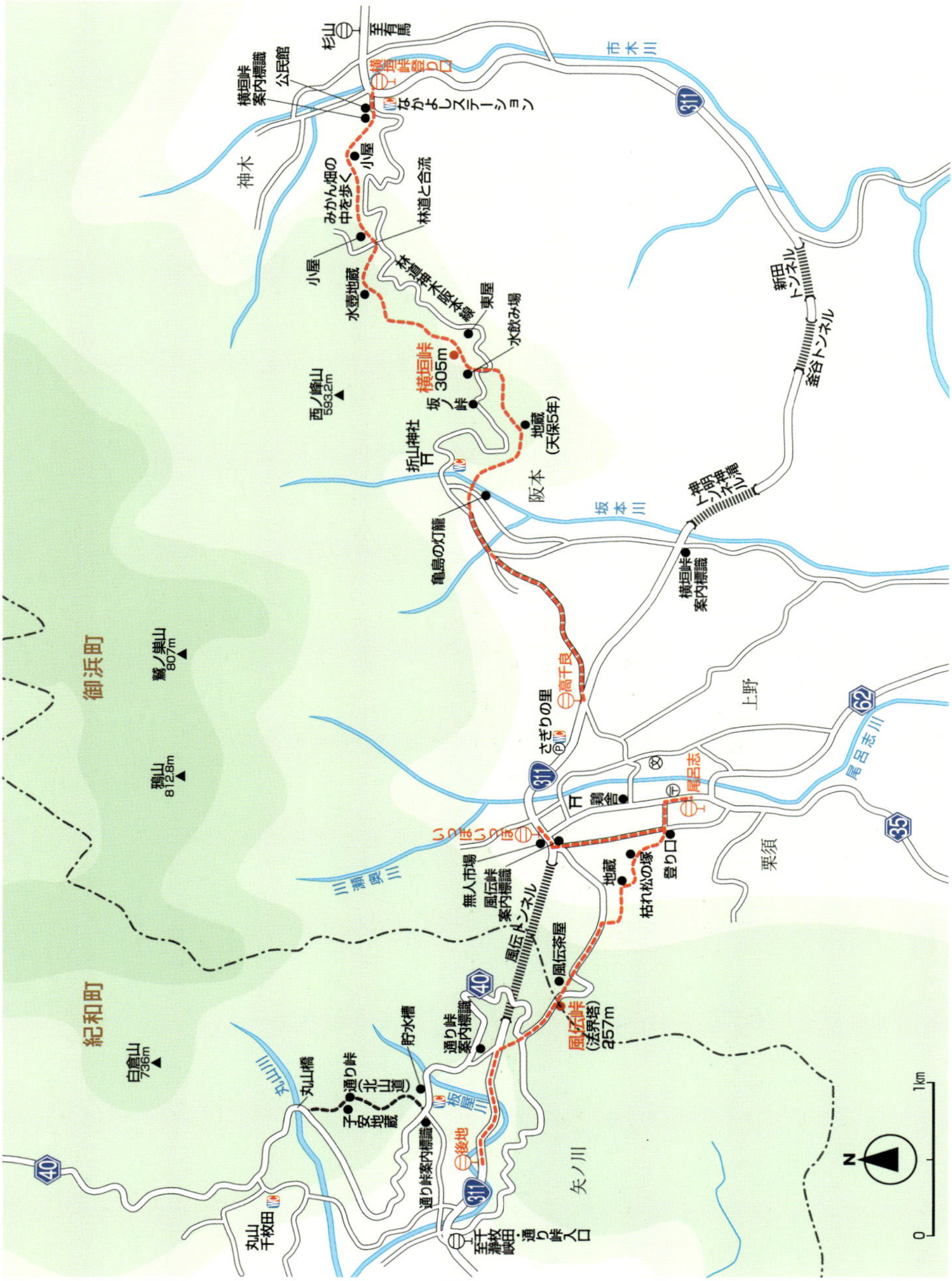
杉山
至有馬
市木川
横垣峠登り口
なかよしステーション
横垣峠案内標識
公民館
神木
小屋
みかん畑の中を歩く
林道と合流
小屋
水呑地蔵
林道神木阪本線
東屋
水飲み場
横垣峠 305m
西ノ峰山 593.2m
坂ノ峠
地蔵(天保5年)
阪本
坂本川
亀島の灯籠
横垣峠案内標識
新田トンネル
釜谷トンネル
高千良
さぎりの里
上野
御浜町
鷲ノ巣山 807m
鴉山 812.8m
尾呂志
尾呂志川
無人市場
風伝峠案内標識
風伝トンネル
地蔵
枯れ松の塚
登り口
栗須
風伝茶屋
風伝峠(法界塔)257m
紀和町
通り峠案内標識
貯水槽
通り峠(北山道)
子安地蔵
丸山橋
丸山川
白倉山 736m
板屋川
後地
通り峠案内標識
矢ノ川
丸山千枚田
1km

熊野川・川端《かわばた》街道

【コースタイム】県道小船紀宝線の一車線道路として昭和45年に開通、古道の面影が部分的に数百メートル残っているところがある。紀宝町成川から楊枝までのドライブがおすすめ。途中、古道、石造等の見学をしながら、3時間ほど。
【交通】（行き）名古屋駅（JR紀勢本線特急3時間）→新宮駅
（帰り）新宮駅3時間→名古屋駅

悠々たる熊野川の流れ

母なる熊野川

日本百名山の一つ大台日出が岳。谷一つ隔てた西に三津河落山がある。標高一六五四メートル、ここに降る雨は東に流れると大杉谷渓谷、宮川を経て伊勢湾へそそぐ。西に流れると吉野川・紀ノ川を経て紀伊水道へ。さらに南に流れると、東の川・北山川の瀞八町を経て、十津川・熊野川と合流する。

紀伊半島の東南部に降り注ぐ雨は、大峰山系東側斜面と大台山系西側斜面に降り注ぐ雨を中心に、その他さまざまな支流の雨を集めて、熊野川の大河となり、豊かな水量となって新宮河口で熊野灘に流れ込む。

現在新宮・本宮・五条を結ぶ国道一六八号線が、熊野川右岸を走る主要な自動車道となっているが、

川端峠の古道

この区間は両岸とも断崖絶壁がつらなり歩行困難な時期が長かった。ために中辺路をたどった院政期の旅人は、熊野川を船で下った。藤原定家も増水した熊野川を下っているが、それよりも昔、寿永元年（1184）、平惟盛もまた「明けぬれば本宮より船にのり、しんぐうへとぞ参られ」たのである。（「平家物語」巻十「熊野参詣」）。惟盛の入水は同年三月二八日のこと。

平家物語との関連で言えば、薩摩の守平忠度の故郷は、この熊野川沿いにある。

切れ切れに遺る川端街道

国道一六八号が整備される以前は、熊野川左岸の三重県側が主要道であり、熊野古道もそこを通っていた。明治三十八年の「熊野紀行」において、田山花袋も新宮より一町ほどのところで対岸に渡り、現在の県道小船紀宝線に沿って雨の中を歩き続ける。

田山花袋の歩いた道のうち三重県南牟婁郡小船地内から同郡紀宝町船田地内に至る二・〇キロが世界遺産として登録（平成十六年七月一日、午後六時十二分に決定）された。

この区間は昭和四五年に県道が全通したため、ほとんどのところで古道の面影が失われてしまっているが、部分的に古道と確認できる場所が「川端街道」として残る。

昭和十年代、十津川と北山川の合流点に立った民俗学者・宮本常一は「北山川の清流に比して、十津川の濁った流れに注目し、明治二二年の大豪雨に」思いをはせるが、今は二つの川共に上流に多くのダムが建設され、ともにかつての面影はない。ただ宮井を出発点

紀伊山地を西に東に流れる大小の川は、昭和三十年頃までは地域の重要な運送輸送の手段であった。例えば、馬越峠の北を流れる銚子川には丸太を組んだ筏が流れ、その左岸にはトロッコ道が走り、地域林業の不可欠な交通手段として機能していた。紀伊半島を東に流れ、熊野灘にそそぐ最大の河川・熊野川は、院政期のころから、熊野三山の参詣者を本宮から新宮へと運ぶ川の道であった。そのとき使用されたのは、ダンペイ船に近い、数人乗りのものであったろうか。

建仁元年（1201）の十月十八日、早朝に本宮を出立した藤原定家一行は、新宮河原に午後二時に到着している。所要時間は八時間余であった。順調な川下りといえる。この川をいつの頃から、筏が往来し始めたのか、その始原は明らかではないが、盛況を極めるのは近世になってからである。慶長年間には新宮に「材木奉行」が置かれ、「筏役」なる役名が登場し、筏流しに従事した人々に扶持米（筏役米）が与えられたとの記録があるので、近世初期にはこの川を多数の筏師たちが往来していたと考えてよい。

さて、熊野川は急流であるため下りは半日余で達したものの、上航には三人以上の水夫が岩伝いに船を曳いて上ったので、早くて一日間、冬季渇水のときは二日間以上要した。筏師たちは、新宮港で筏を引き渡した後は、新宮で一泊、竿一本を担いで川岸を歩いて帰った。これらの人たちを泊める宿・船宿を中心として、熊野川の左岸・三重県側に集落を形成していった。北山側の中継基地・大沼などには、いまも往時の雰囲気が漂っている。

熊野川の水運　筏師・プロペラ船・ジェット船

明治二二（1889）年に始まった新宮の貯木場造成が完成したのは、明治四四（1911）年のこと。広さ一万7000坪の大貯木場は「日本一」といわれ、新宮は紀伊山地の豊かさを背景に、一大木材集散地として発展していった。

大正六年八月十三日にアメリカ人飛行士アート・スミスが新宮河原において、飛行機に搭乗して離れ業（十分から十五分間、新宮上空を飛行したこと）を披露するという出来事があった。川船の船夫であった二九歳の鳥居丈之助は、飛行機のプロペラを推進力とした船を作れないかと思い立ち、材木商小西正一の支援を得て、大正八年一月試運転に成功している。長さ十三メートル余、幅一・五メートル、二十人乗りの船尾にプロペラをつけ、轟々と音立てて時速約二〇キロで、熊野川を走り抜けた。このプロペラ船は熊野川交通を独占しそれは昭和十四年まで続く。

昭和十四年に、新宮・宮井間のバス運行が始まり、熊野川には観光客などを乗せたプロペラ船、荷物を運ぶ団平船が行き交い、陸ではバスやトラックが走り、水運、陸運の並存、競争時代がつづく。熊野川を利用した輸送は昭和三九年の五月下旬の北山からの筏流しを最後に消滅し、観光船としてのプロペラ船は、昭和四三年には全便ジェット船になって、熊野川町志古と瀞峡を往復するだけとなっている。

瀞峡を下る筏は、観光筏として復活して人気を得ているが、川が流域の人々の労働の場であり、そのことによって地域社会全体の生活を支えていた時代は去ってしまった。

花の窟

にする瀞峡がよいの観光ジェット船だけが、往時の船路を偲ばせるものとなっている。

本宮を出発して、陸路をとる旅人は請川から小雲取越えに入り、途中で万歳峠を経て、熊野川町の志古のあたりに下りて、楊枝の渡しで楊枝に渡る。今は広い河原になっていて渡し場は痕跡も認められないが、三重県側に三十三間堂の棟木伝説で有名な楊枝薬師堂がある。この辺りは院政期から中世にかけての雰囲気が、古道にも石仏にも残るところである。

巡礼はこの道を下って、和気（紀和町）へと進む。高さ一・四メートルの和気地蔵道標は貞享二年（１６８５）頃、舟が転覆して六名の水難者が出たので、その供養のために立てたものという。川下りにしても、陸路を歩むにしても本宮から新宮への旅は危険を伴うものであった。

御本明神社跡、和気の渡し場跡、でんじ帰りの古道を過ぎ小鹿の集落。かつては筏師宿が二軒あり筏の中継地として活況を呈していた。浅里の集落の手前に飛雪の滝、熊野川中流域を「川丈筋」と呼ぶが、点々と残る石像などに目をやりながら、この道筋を愛でる現代の旅人も少なくなってきている。

真の豊かさの象徴

熊野川はかつての水量を失ってしまった。風景の連続性ということから言えば、とうとうと水が流れ、川筋の民家から釜戸の煙が立ち昇っている情景は、古代から高度経済成長期を迎えるまで、大きな変化なく継続してきた。熊野川も、その川の上に筏を流して生活してきた人々も長きにわたって、その風景を維持してきた。ここに掲載した川舟写真にそれを見ることができる。

今、豊かさの根源である水量を

熊野川をすべる三反帆の船（『歴史の街道』より）

花《はな》の窟《いわや》と巨石・巨岩

　今回世界遺産に登録された、熊野三山への参詣道のうち、伊勢路とその周辺には、巨石・巨岩が多くある。最近の地質学の研究によると、熊野古道・伊勢路のほとんどは熊野酸性火成岩体（この分布域は、熊野海岸山地の範囲とほぼ一致する。）といわれる地層の上にある。それらは古いものから順に神ノ木流紋岩、凝灰岩、および花崗班岩の層に分けられるが、これらが火山活動などによって陸上に形成されたのは一四〇〇万年～一六〇〇万年前のことという。凝灰岩（酸性火成岩）は三つの層の中位をなしているが、露頭では、大部分は成層せずに塊状であり、風化・浸食を受けて、一枚岩状の岩壁や岩峰、あるいは多数の虫食い状の雲形洞穴を生じる場合が多く、遠方からでも識別できるほどの特徴的な形態を示す。

　馬越峠から歩いて三十分ほど東の天狗倉山の岩頭、赤倉・大丹倉の岩頭、妙見岳山頂の見事な一枚岩、熊野の神々の発祥の地とされる神倉山のゴトビキ岩、熊野の観音滝の上には、はるか新宮からでも眺められる船見石など、巨岩・巨石はいたるところにある。花の窟の御神体とされる岩山もその一つであろう。

　他の多くが、山頂や山の奥深いところに位置しているのに対し、海岸沿いの里近くにあったために、この地域の巨岩信仰の象徴的な存在として、里人の祭るところとなったと思われる。祭りは二月二日と十月二日に行なわれ、高さ四五メートルの岩の上から、長さ七百丈（二一〇〇メートル）の藁縄を七つに折り束ねて百条（三〇〇メートル）の大縄として、浜辺に引いて松の大樹の根元に結びつける。「お綱掛け神事」という。

　露頭形成後の千数百万年後にまとめられた「日本書紀」には、「イザナミノミコト　火の神を生み給ふ時に灼かれて神さりましぬ。かれ、紀伊国の熊野の有馬村に葬りまつる。土俗此の神のみたまを祭るには、花の時には亦花を以て祭る。又鼓　吹　幡旗を用て、歌い舞いて祭る」とあり、熊野の文字、有馬の文字の初出という。

　これら「花の窟」伝承は、平安時代には見られなくなり、中世・近世にあっては、経塚として生き続けているとのこと。王子の原初形態をここに見るとの報告もあるが、どちらにしても古事記・日本書紀を史料としてつかうにあたっては、地域史としての正確性を維持するために、考古学のフィルターをとおして検証していくことが必要であろう。それが、地域のなかに継承されてきた自然崇拝に新たな命を吹き込むことになると思われる。

失い、河原の広がりだけが目に映る熊野川を眺めるとき、高度経済成長期以来、この国が喪失してしまったものの大きさに胸が痛む。熊野川は病んだ巨竜のようだ。熊野川もまた、紀伊山地の豊かさとともにあった。この川が、かってのように豊かな水量を取り戻したとき、「紀伊山地の霊場と参詣道」は真に、誇るべき「文化遺産」として、よみがえるに違いない。

中辺路・大雲取越え・小雲取越え

発心門王子《ほっしんもんおうじ》から熊野本宮大社《くまのほんぐうたいしゃ》へ

【コースタイム】発心門―水呑王子―伏拝王子―祓戸王子―本宮大社（約6・8キロ　2時間30分）
【交通】名古屋駅（JR特急・3時間）→新宮駅（熊野交通バス・1時間）→本宮大社前

中辺路の代表コース

中辺路《なかへち》とは口熊野と呼ばれた紀伊田辺から熊野三山へ向かう古道で、いくつかある熊野参詣道のなかでも院政期に多くの参詣者が歩いた道である。京都を発って二十日ほど歩き続けた旅人が、やっと目にすることのできるところに「伏拝王子」がある。

今でも、発心門王子から水呑王子を経て、伏拝に至るコースは、中辺路のなかでも絶好の散策コースといえるのだが、長旅の末に、始めて熊野川を眺め、その洲のなかに大斎原を遠望したときの人々は深い感銘を受けるとともに、旅の終着を実感して安堵したことであろう。

伝承によれば平安中期の歌人・和泉式部もこの地に立ったという。思わず伏し拝みたくなるような感動を覚えつつ。ところが、式部には折悪しく月のものがきてしまう。月のものは不浄と考えられていた時代、此れでは詣でることができないと、式部は悲嘆に暮れ、次のような歌を詠んだ。

晴れやらぬ　身の浮き雲の

和泉式部の供養塔

発心門王子

たなびきて
月のさはりと
なるぞ悲しき
するとその夜、和泉式部の夢枕に熊野の神が現れて
もろともに　塵にまじはる
神なれば
月のさはりも　なにか苦しき
と応えてくれた。「もともと、神仏は悩み苦しむ人々を救うために俗塵と交わるものであるから、月の障りがあっても、なんら苦になるものではない」と答えるところに、熊野の神のおおらかさが現れており、熊野大権現が「浄不浄を問わず、貴賎にかかわらず、男女をとわず」全ての悩める老若男女を受け入れる広大無辺の慈悲の気持ちをもっておられたことを示している伝承である。

常人でさえただならぬ熊野の道を、目を病んだ人や業病に肉体を蝕まれた人々が列をなして歩いていたこと、それを多くの参詣者が手を添えて助けたことなどの記録などとともに、民衆の神仏への期待を読み取ることができる。

なお「伏拝王子の名は、古代中世の参詣記には見えない。たしかにここから熊野本宮大社が望見できるところから、月の障りでも熊野権現から参詣を許されたという南北朝時代の問答歌『風雅和歌集・巻十九』にちなんで、近世に王子社が造営されたのであろう。」（『本宮町史』）といい、和泉式部の和歌の中にもこの歌はないという。「この二つの歌は作者の名誉のために是非否定せねばならぬほど粗末な歌であります。」という柳田國男の説もある。

水香王子

藤原定家の道行き

藤原定家（一一六二—一二四一）、建仁二（一二〇一）年のこの年四十歳。時代は既に鎌倉時代に入っている。二十一歳の後鳥羽上皇（一一八〇—一二三九）の四回目の熊野御幸に供奉して貴重な記録「後鳥羽院熊野御幸記」を残している。定家のこの御幸での役割は、御幸の先駆けとして、行く先々の王子での儀式の執行や一行の食事の手配、宿舎の準備・設営など、さらには歌会の相手として深夜に呼び出されるなどで、公卿でもない二流貴族の悲哀を感じさせる。しばらく、この旅の後を追ってみよう。（神坂次郎著『熊野御幸』より）

八月九日　南山（熊野のこと）お供のこと命じられる。
十月一日　晴れ　精進始め
五日　晴れ　出発　鳥羽—（屋形船）—窪津（九十九王子の第一王子）
六日　晴れ　阿倍野王子－住吉社—堺の王子—大鳥居の新王子—篠田の王子—平松の王子
七日　晴れ　井口の王子—佐野の王子—籾井王子
八日　晴れ　一ノ瀬王子—地蔵堂王子—雄ノ山峠（和泉と紀伊の国境）—藤代王子（この日、乳飲み子を抱いた盲目の女を見る）
九日　晴れ　（定家・朝寝坊）逆川王子　湯浅宿所
十日　雨　小松原の宿所
十一日　雨　切目王子
十二日　灯ともし頃より強風（三鍋王子での昼食休憩時に、転寝、慌てて一行を追いかける）田辺の宿所（大辺路と中辺路の分岐）
十三日　晴れ　滝尻王子
十四日　晴れ　箸折峠—近露—湯河
十五日　晴れ　三越峠（口熊野と奥熊野の境）—猪ノ鼻王子—発心門王子
十六日　晴れ　水飲王子—伏拝王子—祓戸王子—大斎原・本宮

鳥羽を出てから十日目の十月十五日の昼時に、定家は発心門に到着している。朝寝坊や転寝をして

水呑王子から伏拝王子へ

いるのは、定家が怠惰だったためではなく、先駆けの役目に疲れ果てているせいである。
　発心門に着けば、本宮は目前である。どの旅人も一様に安堵した。
　定家も上機嫌で宿所になった南無坊という尼の親切に感激している。あまりのうれしさに坊の柱に漢詩や和歌を書きなぐったとのこと。

入りがたき
みのりのかどは
けふすぎぬ
いまよりむつの道にかへすな

　その坊は今は、樹林の中に「坊の跡」として場所を示すだけだか、はるかに苦難の旅を続けてきた古人の心情に思いをはせ、いよいよ熊野の神域に足を踏み入れた喜びとともに水呑王子を目指す。

　発心門王子から本宮大社へゆったりと下っていく道は、熊野古道のなかでも最も楽しく、穏やかな道筋といえる。

水呑王子へ

　発心門王子跡から水呑王子跡までは、集落の中を通る平坦な旧道を一・五キロほど歩く。古道の面影はないが、山の上の家々と、その間に水田が開け、田植えの時期など水の張った田んぼを眺めながらの道行きは快い。

　水呑王子跡は、旧三里小学校三

水呑王子から伏拝王子へ向かう古道

越分校の校庭にあり、緑泥霞片岩製の「水呑王子」の石碑（高さ九〇センチ）と舟形光背を持つ石像の地蔵菩薩立像（高さ三五センチ）と同座像（高さ三〇センチ）の二体が祀られており、傍らの水呑み場には、どこから引いているのか清らかな水が静かに樋を伝って落ちている。

分校の校舎は、二つの教室に小さなトイレを付設しただけのこじんまりしたもの。子どもたちや、分校主任の先生はどこから来て、どこへ行ったのだろうか。周囲には人家らしきものは見えず、杉林に囲まれて、分校跡だけが残るのである。かっての山村に働く人々と、その家族、通学していた低学年の児童、それらはどこへ行ったのか。

昭和四八（一九七三）年に廃校になった。前年の七月には田中角栄内閣がスタートし「日本列島改造計画」が発表され、実施に入っている。廃校後の敷地を南紀白浜の業者が買い取り、校舎を食堂にして、バンガローを建てて、山間の宿泊施設として開発したが三年ほどで撤退したという。

水呑王子の跡、分校の跡、高度経済成長の時期に建設した宿泊関連施設の跡、それらが杉林の中に、それぞれの古さを帯びて不可思議な調和を保っている。主調は校庭を走り回る子どもたちの声である。敷地の中には、放置されたままの野外バーベキューの設備が、今にも使用できそうに並んでいて懐かしい。いつまでも佇んでいたくなるようなたたずまいである。

藤原定家の一行の大行列も、ここを通り過ぎて伏拝を目指していった。

伏拝王子は伏拝集落の東側の最高所にあり、近世の石祠と「和泉

伏拝王子近くから那智方面を望む

祓戸王子

熊野本宮大社

式部供養塔」と伝える中世の笠塔婆と宝篋印塔の基礎・笠を組み合わせた高さ一一〇センチの石塔がある。NHKの朝の連続ドラマ「ほんまもん」の舞台として有名になったが、例の和泉式部の問答歌にちなんで、近世に王子社として造営されたとのこと。桜の満開の頃がすばらしい。

伏拝から本宮大社までの、林間の古道はよく復元整備されている。幼児を連れての散策も可能。三軒茶屋跡の辺りに「右かうや（高野山）十九り半　左きみい寺三十一り半　みち」の古い道標が立つ。中辺路と小辺路の分岐である。

本宮大社まで、あと三十分ばかり。本宮大社への最後の王子である祓戸王子を過ぎると一〇〇メートル弱で、本宮大社の裏口に出る。

明治の大水害まで本宮大社があった大斎原（上）。森の中に碑が建てられている（下）

百前森山
783m
0
2km
発心門王子
舟玉神社
三越
猪鼻王子
水呑王子
伏拝
伏拝王子
三里念法院
至十津川
熊野川
道の駅
奥熊野古道ほんぐう
一本松
三軒茶屋
大居
168
熊野川
久保野
本宮
湯峯
311
祓戸王子
熊野本宮大社
曲川
湯峰王子
湯の峰温泉
本宮町役場
つぼ湯
本宮大社前
大斎原
下湯川
大日山
369m
熊野本宮
至白浜
小々森
串崎大師
渡瀬
西行法師歌碑
311
渡瀬みどりの広場
渡瀬
トンネル
至新宮

熊野本宮大社

明治二二年（1889）八月十七日から、三日三晩にわたって紀伊山地中央部に降り続いた大豪雨は、甚大な被害を各地にもたらした。本宮大社の上流十津川郷では、百六十八人が死亡、六百戸・二千六百人が住居や耕地を失った。全村民の半数に及ぶそれら二千六百人の人々は厳寒の北海道をめざして、三班に分かれて二十日の旅に出発する。その人々が石狩河畔に新村「新十津川村」を開いた話はよく知られている。

このときの豪雨で倒された木々や土砂によって、十津川本流・支流の谷々はせき止められ、一時的なダムを形成し、大きなダム湖が多く出現し、やがてそれらが決壊して濁流となって下流の村々を襲った。

十津川下流の河中の三角州に本宮大社は、中世以来千余年の間、杉木立に囲まれて鎮座していた。この川筋に、参詣者を泊める宿、みやげ物を扱う店など百八十戸ほどの家々があり、山中の門前町はそれ相応の賑わいを呈していたという。後白河も和泉式部もこの社に参拝した。明治二十二年八月二十日、上流から流れ落ちてきた濁流は一気に村を呑み込んだ。この時、水位は七丈を上回った。二十メートルを超える水が熊野川をかけくだったのである。そのため、川沿いの家々と本宮大社は一戸も残すことなく流れ去ったという。さらに下流の請川では百七戸の内残った家二戸、河口の新宮町も二十日の早朝大水に見舞われる。

平安時代に、熊野に三十四回も参詣した後白河上皇も、速玉大社と那智大社には十五回しか参っていない。本宮大社には毎回参拝しているから、熊野三山詣でというものの、その中心は本宮詣でであったといえる。その社殿が大洪水によって押し流されてしまった。紀州藩のお留木制度によって守られてきた熊野川周辺の樹木が、明治以降の大規模乱伐により、その豊かさを失った。山は保水力を失い、この未曾有の水害になった。

大斎原《おおゆのはら》の旧社殿

さて、なんとか残った四つの社殿は明治二四年（1891）に神像とともに近くの丘の上に移され、「遷宮」と言うことになった。それが、現在の社殿である。移築後百十年余、社殿境内とともに新たな「古さ」を装ってきているが、百年余という歳月は、新しい古さと伝統を装うに十分な歳月であることを知らされる。流れてしまった八社は、石祠として旧社地の大斎原に祀られている。

祭神は三山共通の「熊野十二所権現」と呼ばれる十二の神々。本宮大社の主神は、そのなかの「家津美御子神」で、本殿である証誠殿に祭られている。本地仏は「阿弥陀如来」である。古神像は十世紀後半の制作とか。

大雲取越《おおぐもとりご》え

【コースタイム】熊野那智大社—登建茶屋跡—舟見峠—地蔵茶屋跡—越前峠—楠の久保旅籠跡—小口（約15・6キロ　6時間）
【交　通】名古屋駅（JR特急3時間）→新宮駅（熊野交通バス）→那智

古道屈指の難コース

建仁元年の十月十六日に、後鳥羽院に供奉して本宮に到着した定家らは、御所にあてられた竹の坊の礼殿で夜を徹しての参篭を行なう。

十月十七日　雨　本宮に逗留夜、雨降る
十八日　熊野川の川原に出て、船にのる。午後二時頃、新宮の川原に着く。
本宮、新宮間九里八丁（約三十六キロ）を船で下るのが、当時の熊野参詣の常道。熊野川の両岸は断崖絶壁で歩行困難。したがって船便となる。
十九日　晴れ　佐野王子—浜の宮—補陀落山寺—那智に着く。（午後二時頃）
二十日　暁より雨降（大雲鳥越に出発）

「熊野古道語り部友の会」（花尻薫会長）の皆さんの案内で、大雲取越えに挑んだ。何となく気負った表現だが、大雲取りは熊野古道全体でも屈指の難コースなので、それなりの心の準備がいるのである。

急勾配の道を行く

新宮の浜王子から高野坂を越えて、浜の宮を経て、市野々王子、大門坂のコースで、青岸渡寺までは前日に歩いていたので、二日目は、ここからのスタートということになる。お寺の前に集合して鐘楼横から古道に足を踏み入れる。
登り始めて十分ほどで右手奥に落差一三二メートルの那智の滝が姿をあらわす。三丁の分岐に着くと「左　妙法山　大雲かけぬけ道」の大きな標石。私たちは、そこを右にとって那智高原へと向かう。ここまで三十分はかかる。歩き始

大雲取越え・石倉峠の古道（上）
道標の石仏（下）

めとしてはかなりの急勾配。那智高原は公園として開発されたようで、古道はここで分断されている。林道が平行して走っているので、そちらに入らないように注意して、ふたたび古道に入る。およそ1時間半のかなり急な坂を登ったところが、船見峠、茶屋の跡がある。熊野山中随一の展望を誇る場所という。そう、熊野の山々が海に落ち込み、補陀落へと通じる海が見えるのである。

大雲取越えは、ここから地蔵峠、石倉峠、越前峠（標高八七一m、熊野古道中辺路・伊勢路中の最高地点）を経て、小口に至る約二〇キロの行程。余裕をみて八時間ほどの予定で歩く。この船見峠も標高は八〇〇メートル強。登り道はここまでで、あとは小さいアップダウンを繰り返しながら、ゆったりと登っていく。

舟見峠から地蔵峠へ

建仁元年十月二十日、この峠越えにかかった藤原定家一行は、どしゃ降りの雨に見舞われた。「いまだかくの如きことにあわず。ただ

地蔵茶屋跡

水中に入るが如し」。定家は輿に乗っていたが、それでも急峻な山道に悲鳴を上げている。輿の中でも熊野の豪雨は容赦をしない。この世の極楽浄土を求めての帰路に、豪雨の地獄に遭遇した。なんとも、気の毒な旅ではある。

船見峠から歩くこと二時間弱で地蔵峠にさしかかる。少し開けた場所が地蔵茶屋あと。公衆トイレもある。宝永四年（一七〇七）に泉州堺の魚商人が寄進したという石地蔵三十三体を納めた地蔵堂が立っている。ここで弁当にする。

出発から四時間余、朝からぽつぽつと降っていた雨が急に激しくなってきた。止む気配もなく、ますます激しさを増している。主催者の人たちが集まって協議をしていたが、「これからの道は越前峠から延々とつづく下り道なので、雨中を歩くのは危険と判断して、戻ることにしたい」との報告。賢明な判断だと思ったし、やや疲労を憶えていたので、未知なる前途より既知の帰り道をとりたくなっていて、ほっとしたところもある。

かくして、私の最初の大雲取り越えは、道半ばにして、（文字通り地蔵峠はこの行程の中間点なのだ）引き返すことになった。

見事な風景を眺めながら

数年後の二〇〇四年五月、再び大雲取りをめざした。今回は、地蔵峠から小口までの行程。早朝尾鷲を出発し、車を一台小口に置く。ここまで二時間。

小口から、山間の県道を通り、惟盛落人伝説の地でもある色川の里を通り抜ける。山村の見事な風景に感動しながら、那智高原を経て林道に入る。尾鷲から、すでに三時間強を要している。

人々を恐れさせた大雲取越えも地蔵峠までは、車で入れるのだ。高齢者や体力的に自信のない方に

石倉峠近くの古道

那智の滝を望む

はおすすめの登り方である。

地蔵峠は船見峠と越前峠の間の最低鞍部になっていて、越前峠までは高低差二五〇メートルほど。道は再び登りとなり石倉峠への石畳道を越えると東側に大塔山系の眺望が開け、また杉林の中に入る。最後の急坂を登ると越前峠である。地蔵峠から約一時間。

ここから古道は一気に小口へ向かう。標高差八〇〇メートル、那智からの登りで疲れた体にはかなり厳しいが、ゆとりを持ってゆっくりと下れば快い道といえる。大正十四年に斎藤茂吉は「山を上りつめて、くだりになろうといふところに腰を下ろして弁当を食ひはじめた」というから、越前峠で昼食休憩をしたのだろう。

胴切坂、楠久保の旅篭跡、円座石、中根の旅篭跡などを見学しながら、二時間半ほどで小口に着く。この道で小口の側から登って来る数組のグループに出会った。小口や周辺の旅館に前泊しての人たち。名にし負う越前峠への道を上りにとるとは、いずれも健脚の様子。地蔵峠までで中断しているここ数年の間に、熊野古道ブームは確実に進んでいた。再び山間の県道を通り、車を取りに地蔵峠まで戻る。

小雲取《こぐもとり》越え

【コースタイム】小口—小和瀬の渡し跡—桜茶屋跡—石堂茶屋跡—百間ぐら—松畑茶屋跡—請川（14・5キロ4時間30分）
【交通】（行き）名古屋駅（JR特急3時間10分）→新宮駅（熊野交通バス・40分）→志古（20分）→小口

ゆるやかなのぼり道を行く

小雲取はやさしい。といっても、大雲取との比較においてだが。

標高四六六メートルの桜峠の辺りが最高だから、大雲取の半分ほど。ただし、距離は約二〇キロとほぼ等しい。

小口から赤木川の右岸にそって、しばらく歩くと吊橋が見える。赤木川にかかる小和瀬の吊橋である。ここが出発地点。

民家の間の古道を歩き始めるが、そこから急な坂道で、堂の坂と呼ばれる石畳道がまっすぐ上に延びる。四〇分ほどで椎の木茶屋跡。休憩後、再び急坂を登ること四〇分で桜茶屋跡に着く。スタートして、いきなり四〇〇メートルを一時間余で登りきったことになる。相当ハードな上りだが、しんどいのはここまで。あとはゆるやかな登りが残るだけだから、ゆっくりと休みをとる。休憩所からは、大雲取の越前峠、胴切坂な

小和瀬の渡し跡

小雲取越え・石堂茶屋跡より百間ぐらへ

どが見える。茶屋とはいえ、旅人もとめることができ、庭に大きな山桜があったというのが、茶屋の名前の由来とか。

確かに見晴らしのよいところで、見通しがきくというのか、いま歩いてきた古道がほとんど麓まで手にとるように見える。その昔、小和瀬辺りを巡礼が登り始めると、その白装束で人数まで確認できたに違いない。それを見ると、茶屋の主人は餅をつきはじめ、茶を沸かし始めたという。巡礼は、つきたての餅と熱いお茶を口にすることができたという話が、本当に思えるほどに見通しのよいところである。ゆるい下り坂を四十分で石堂《いしんど》茶屋跡、少し先に賽の河原地蔵。驚くことは、この高さにまで林道が入ってきていることだ。その林道を横切ってしばらく登り、如法山の山腹を巻いて、しばらくすると百間ぐらに出て、突然展望が開ける。紀伊山地の絶景が眼前にある。

百間ぐらの標柱の山側に、小さな（高さ三三・五センチ）舟形光背の石像地蔵菩薩立像「延明（命）地蔵」があり、小さな地蔵を前景に置いた果無の山々など、紀伊山地の三千六百峰が広がっている。絶景かなという感じ。

下りは松畑茶屋跡を経て、請川

百間ぐらより果無山脈を染める夕日を望む

石堂茶屋跡の古道

へ。四時間前後のコース。

院政期の参詣者たちは、大雲取・小雲取を一日で通過するのを常としている。藤原定家も夜が空けるとともに那智大社を出発し、豪雨に悩まされつつ、午後八時頃に本宮に入っている。健脚というべきだろう。

那智青岸渡寺が再興した現在の奥掛けも、第一日は、午前六時過ぎにスタートして本宮大社の閉まる午後五時までに到着するという。小雲取の辺りでは、閉門時間に遅れまいと多くの人が、走っているとのこと。それは、山行ではなく修行だからこその姿なのである。ただただ感心するばかり。

百間ぐら

熊《くま》野《の》那《な》智《ち》大《たい》社《しゃ》

田山花袋の「熊野紀行」

明治三十一（一八九八）年の春、田山花袋（明治四・一八七一―昭和五・一九三〇）は那智の滝の前に立った。

「ああ那智瀑　われはいかに久しくこの滝の大景に接せんことを願ひたりけん」と記す。滝の傍らの茶屋で文覚の荒行の昔をしのび、歴代法皇巡行を想起したりしているうちに、興味の起こるにまかせて、滝壷の近くに行ってみようと、尖った石を渡り、右に左に滝壷からの激流を縫って、遂に滝壷の一端にたどり着く。「ふと一筋の滝を落ち下る流れが、自分の身の方に降り注いでくるのに驚く。あなやと言うまもなく、雪崩のような激流が、激しく襲って来て、自分の身体は滑らかな大石の上から滑り落ちて、一段下の渓流の中へ意気地もなく押し流された。」激しい流れの中で、しばらくは傍らにある石に手をかけることもできなかったが、幸いにも、着物の袖が尖った石に引っかかったために、遠くまで流されずにすんだ。

前日、船の中で知り合った道者姿の男と、田山花袋は那智山の権現祠の裏手で別れる。「白衣を着、檜木笠をかぶりたる中年の道者の姿は、名残惜しげに我がほうを振り返りつつ大雲取小雲取に通へる雲深きうちへと見えずなりぬ」「ご縁あらばまた」と言って去っていく男との別れが、痛切だったのか。「その縁あるものの遂に来たらずして、われらは百年の後、日本の一隅と一隅とに淋しき墓となりて残るべきか」と記す。

大門坂の石畳

田山花袋二十七歳の「熊野紀行」から百余年が経過した。田山花袋は自然主義作家として名をなしたが、中年の道者はその後どうなったか。二人が、ともに淋しき墓となったことだけは確実なことだ。

熊野修験の道の復活

もう三十数年前のことになるだろうか。前鬼口から釈迦ケ岳を往復したことがある。深仙の宿を経て、山頂へ。山頂（一八〇〇ｍ）には高さ三・六メートルの巨大な青銅製の釈迦如来像があって、それを担ぎ上げた強力・岡田雅行（一八八六―一九七〇）の挿話もあるが、晴天の空の向こうに山上ケ岳を遠望して帰途に着いた。

大峰山系の主稜線を「太古の辻」で離れて、前鬼口へ降りるのだが、この「太古の辻」から行仙岳・玉置山へと南に向かうかっての修行の道は荒廃していて、人を寄せ付けないような雰囲気があった。この45キロの道が再び修行の道として復活することはもはやないだろうと思ったことを記憶している。

大峰道とは、熊野と吉野の間に南北に横たわる大峰山脈（最高標高・八剣山一九一四・六ｍ）の尾根伝いに延びる、約一四〇キロの山道をいい、山伏（修験者）が修行する道として吉野から新宮に向かうのを奥駈け道とも言う。この修験の道は、宗門の立場からは七世紀末の役小角《えんのおづぬ》（役行者とも、修験道の創始者）や十世紀前後の聖宝（醍醐寺の開山、修験道中興の祖）が開祖とされるが、文献上は十一世紀後半―十二世紀前半の園城寺の僧・行尊の修行山行が確認できるという。

十二世紀末の歌人・西行も山中の歌を十八首詠んでいる。これらの例から、十二世紀には大峰奥駈修行が定着していると小山靖憲さんは指摘している。

なお、吉野から熊野に向かうのを逆峰といって、真言系（醍醐寺三宝院系、当山派）の山伏が行い、熊野から吉野に向かうのを順峰といい、天台系（園城寺・聖護院系、本山派）の山伏が行なった。さて、いつの頃からか順峰が衰退し、逆峰も太古の辻から前鬼へ降りるコースが一般化して、結果として、太古の辻から本宮大社に至る「山道」が荒廃し、このコースを歩く人々がほとんどいなくなっていた。明治政府による、明治初年の神仏分離令や廃仏毀釈の遂行、同五年の修験道廃止令などが大きな要因となったのだろうが、詳細はよくわからない。

廃道になっていた大峰修験の道、順峰道の復興・復活を志し、それを成し遂げたのは青岸渡寺の副住職高木亮英さんと新宮・山彦グループ（代表・玉岡憲明さん）の道づくりや、縦走時のサポートなどに代表される、それを支えた人々

熊野修験の道に建つ宝篋印塔（本宮町上切原）

だった。先代住職の悲願であった奥掛の再興に取り組んだのが昭和六三（一九八八）年のこと、「那智の滝で産湯を使い、生まれたときから滝を見ながら、滝の水をいただいて」成長した高木さんは、このことを使命、務めとして取り組んだという。始めは三人でスタートしたとのこと、今では、一八〇人を超える人たちが、この修行山行に参加している。

年間五回の日程で、全行程を走破するこの試みは、山行のベテランにとってもかなりハードなもので、「あれは山歩きではなくて、文字通り修行ですよ」と参加者は声をそろえて、感想を述べる。しかし、神と仏と修験者が力をあわせて切り開き、維持してきた大峰道が、特に太古の辻と本宮大社の間が、高木さんなどの力で復活した意義は大きい。新たなる神仏習合への道を再構築しているように思えるのだ。

なによりも、それが「おおらかな自然と熊野の神々の道」の再生であり、深く静かに山中に「六根ショウジョウ」「さーんげさーんげ」という声を響かせているからだ。それは高木さんが説く熊野信仰の四つの特性

一、複合性（神仏習合）

二、平等性（身分や男女の差別をしない）

三、開放性（誰でも自由に参加できる）

四、広域性（熊野信仰は熊野だけのものではなく、全国的なもの）を、現実化しているところに現代的な意味があるのだろう。

神や仏の姿は誰も見たことがないから、熊野三山信仰についても、三山にいたる参詣道を歩き、そこにある寺社や仏像などを拝して理解を深めようとするが、今、私たちが目にしている寺社は、その配置や建築物のありようは往時の姿とはかなり違ったものとなってい

那智の滝

る。特に、明治初頭の神仏分離令や廃仏毀釈をへたあとのそれは、似て非なるものとして眼前にあると考えるべきであろう。本宮大社は明治二二年の豪雨で流された後の移築であるし、新宮の速玉大社に至っては第二次大戦後の建物である。そういう点では、「飛流大権現」そのものを本尊とする那智さんの現況が、神仏習合時の姿に最も近い山域を形成していると言えよう。

　どちらにしても歳月だけが、事物を風化させるのではなく「熊野三山を中心とする熊野の神々とその住家」は、為政者の宗教政策によって甚大な影響をうけてきたことに思いを致さねばならない。

補陀落《ふだらく》渡海

井上靖に「補陀落渡海記」という作品がある。昭和三十六年に「群像」に発表したもの。「熊野の浜の宮海岸にある補陀落寺の住職金光坊が、補陀落渡海した上人たちのことを真剣に考えるようになったのは、彼自身が渡海しなければならぬ永禄八年の春を迎えてからである。」という文で始まる。補陀落寺の住職は、六一歳の十一月になると、浜の宮の海岸（那智駅の東側）から補陀落山をめざして渡海しなければならないとの慣習があった時代のことである。

補陀落山は観音菩薩の住まうところでインドの南海上にあったという。観音菩薩の御許に達したいとの願いをもった人々が、そこをめざして船出していくのが「補陀落渡海」である。金光坊も観音菩薩の生地へ趣くにあたって、生身成仏をなさねば成らない。それは現実世界での死を意味するから、観音への帰依と死との恐怖の狭間にあって苦悩する人間というのがこの小説のテーマであった。

この作品が発表された当時、浜の宮の「補陀落山寺」は、ずいぶん荒廃していたが、現在はよく整備されて面目を一新している。多くの人がここから補陀落めざして船出していった。西海の戦線を離脱して熊野に落ちてきた平惟盛もその一人である。

川村湊氏は『補陀落―観音信仰への旅』のなかで、次のような注目すべき分析を展開している。

> 井上靖が「補陀落渡海記」で書いた十六世紀半ばという時代には、補陀落への渡海往生の信仰は、形骸化されておらず、習慣化したり慣例化してしまったりということもなく、イエズス会布教師たちが記録しているように、熱心で、驚くべき信仰の力の強さを「異教徒」たちにも認めさせるような宗教的な情熱が漲っていた。そういう意味では、井上靖の小説は、そうした宗教的情熱や信仰の強さを斜めから見下ろす、「近代的」な不信仰と世俗化に泥（なず）んでいるキライがある。そこには「近代人の心理」のようなものはあっても、中世人の、心理と自我といった病に冒されることのない、単純で、力強い信仰の力に対する信頼はない。（中略）
>
> 井上靖の「補陀落渡海記」の金光坊は、近代を通過したうえで、「死の無意味さ」に耐え切れなく思ったのだ。中世の渡海僧にとつて渡海＝往生＝死であり、意味や意義などの介在する余地などなかつた。つまり、井上靖の創造した金光坊は、その意味ではあくまでも「近代人」だったのであり、自分の死に「意味」を見出そうとする「自意識」の魔に取り憑かれた人物だった。

那智駅の裏が、すぐに渡海の海である。まだ残された砂浜に横たわり、海辺に立つホテルの窓から臨む「渡海の海」は、いつ見ても、単なる紀伊半島のどこにもある小さな湾に過ぎない。中世や近代を生きる人々の死生観を問う、文化や歴史の温床は、その海を包み込む熊野の山々の側にある。

新宮速玉大社《しんぐうはやたまたいしゃ》

神（仏）像修理

熊野三山の神々は、本宮の熊野坐神《いますかみ》（あるいは家津御子《けつみこ》神）・新宮の熊野速玉《はやたま》神・那智の熊野結《むすび》（牟須美《むすみ》あるいは夫須美《むすみ》神）と呼ばれ、本来は別の神であったと考えられるが、平安時代中期以降、三神を相互に祀り合う形で一体化し、これに仏教色が加わり、神仏習合の末、熊野三所権現と呼ばれるようになった。

室町時代の永享二年（一四三〇）の「熊野三巻之書」によれば天竺のマカダ国から来た神が、まず神倉神社のゴトビキ岩に降りた。次に阿須加社に降り、さらに新しく社殿を作ってこの神を遷座したことから「新宮」という名が付いたとのこと。

新宮の速玉大社の社殿は明治十六年（一八八三）の火災で全て焼失し、まったく再建がかなったのは戦後の、昭和二八（一九五三）年のことなので、社殿の歴史は浅い。

火災を免れた代々の朝廷等が寄進した神宝類が多数残り、国宝・重要文化財となっている。その中でも、十世紀初頭から半ば頃までに制作された七体の古神像は、この神社の歴史と文化を知るうえで貴重なものである。

明治三〇（一八九七）年に古社寺保存法が制定され、美術院が国宝の修理を開始したが、そのとき速玉神社の神像が修理された。そのときの修理以来、昭和二六（一九五一）年までの五四年間、神像は秘神として宮殿に閉じられたままであった。同年文化財保護のために文部省の係官の立会いで宮殿の扉を開けることになった。

速玉大社の社殿

「幸い大半の像は無事でした。しかしそのうちの、高さ八十セン

新宮速玉大社

チほどの家津美御子大神像がおさめられた宮殿の扉を開けますと、御神体はくっきりとその形を保って現れたのですが、どうも虫食いのカスのようなものが御神体の周辺いっぱいにこぼれているのが見えたのです。そこで宮殿から出して調べてみようということになって、美術院の先輩が宮殿から引き出そうと御神体に手を触れたとたん、なんと指が御神体にズボッと突きささってしまったのです。つまり家津美御子大神像は、外形だけの表皮(厚み約三センチ)を残して、内部は虫害でボロボロになっていたのです。この御神体は、桧材の一木造りで内部を刳り抜いたものではありません。それが、いってみれば、植木鉢を逆さにして持ち上げたら、中の土がそのまま下に残ってしまうというような状態になっていたのですから大変です」(「仏像は語る」　西村公朝　一九九〇年刊　新潮社)

神像の受難と、戦後最初の文化財修復に二カ月の歳月と心血を注いだ苦労が、語られている。

佐藤春夫の碑

さて、十津川豪雨の影響は新宮にも見られた。

明治二二年八月十八日から十九日にかけて、猛烈な降雨があり熊野川が増水、洪水の心配もあったが十九日の午後十二時頃から減水を始めたので、洪水の恐れが去ったと人々は安堵した。電信・電話の不便な時代のこと、人々は上流の十津川で山崩れが頻発し、巨大なダム湖が出現して一時的に川の流れをせき止めていることを知るよしもなかった。

「一時の減水に安堵の思ひなしたるも、つかの間にて、翌二十日午前一時頃よりまたまた増水し来り、午前四時頃には増水三丈五尺に及び、速玉神社華表前より坊間を貫きて、一条の水路を開き、見る見る全町に氾濫し」て、全町を水浸しにした。速玉神社の境内の辺りから熊野川の激流が市内を襲ったのである。速玉神社の被害も甚大なものがあった。

大洪水から十九年後の明治四一年の八月一日から三日のうちのある日の昼間、大石ドクトルたちは、新宮を訪れていた四国中村の幸徳秋水伝次郎送別の宴を催した。熊野川の速玉神社から遠くない亀島と御舟島の間に舟を漕ぎ出して、舟遊びを楽しんでいたのだ

秋水、大石のほかに。同行者は船頭の天野流水、友人の沖野牧師と成石平四郎、親戚の中口光三郎（火薬商）、東大生の井出義行、大石の長男舒太郎、付き添いの女中をいれて計九名。この顔ぶれを見てもわかるように、とても革命党の秘密会議などではなく、親戚や家族をまじえたピクニック気分の川遊びであった。

この舟遊びが、やがて明治四四（一九一一）年の「幸徳秋水」事件の検事調書では、大逆の始まりを告げる密議を行なったということになり、新宮グループの逮捕、処刑へとつながっていく。

新宮出身の詩人・作家の佐藤春夫（一八九二―一九六四）は「愚者の死」や「わんぱく時代」で、この事件に触れている。新進作家としてスタートした春夫が「秋刀魚の歌」を発表するのは事件から十年後の大正十（一九二一）年十一月のこと。

さんま、さんま、
さんま苦いか塩っぱいか
そが上に熱き涙をしたたらせ
さんまを食ふはいずこの里の
ならひぞや
あはれ
げにそは問はまほしくをかし

現在、速玉大社境内に「佐藤春夫記念館」と「望郷五月歌」の碑、JR紀伊勝浦駅前に「秋刀魚の歌」の詩碑が立つ。

巨岩信仰・ゴトビキ岩

新宮市街地の西方にそびえる権現山は、仏が神として降臨する神体山としてあがめられてきた。仏が神として権（かり）に現れる山というので権現山（神倉山ともと呼ばれ、主峰は千穂ガ峰（二五三m）で「鎮護ケ峰」とも言われ、古くから速玉大社の神降臨の神域として崇められてきた。

権現山の南、高さ百m近い断崖絶壁の上に神が鎮座するといわれるゴトビキ岩があり、ここ神倉神

神倉神社のゴトビキ岩

源頼朝寄進と伝えられる神倉神社の石段

社から新宮大社まで、歩いて三〇分ほどの山道がある。新宮市内を眺めながらの、格好の散策道である。神倉神社までは、急な石の階段を三〇分ほど上る。

二月六日の夜行なわれる御燈祭りは、白装束に身を包んだ男たちが、五三八段の急な石段を駆け下る勇壮な祭りで、人々は新年の聖なる神火をいただいて帰る。原始信仰を伝える修験の儀式でもある。

あとがき

写真家の山本卓蔵さんは、数年前から紀伊山地の山々に分け入り、山中に泊まり込んで、熊野の光の中の海、山、川、滝、路傍の石仏、古道の表情などを撮り続けてきた。その撮影の折々、「山の喫茶・山帰来」に立ち寄り、熊野への思いを語り続けた。

その山本さんから「世界遺産・熊野古道を歩く」の刊行に際し、簡単な説明文を書くようにと依頼された。ところが、話が進むにつれて、説明文は「熊野古道・伊勢路」の全体を紹介する形にふくれあがってしまい、古道近くに住まう地元民の立場からの古道紹介をすることになってしまった。

「紀伊山地の霊場と参詣道」（二〇〇四年七月一日に世界遺産登録）のうち、伊勢路を中心に紹介したものが少ないだけに、なるべく地域に密着した記事をと心がけたものの、十分に意を尽くせたかどうか。

多くの人が熊野の自然、その静寂さを求めて歩き続けているが、古道はその期待に十分応えている。伊勢路は中辺路に比して注目されることが少なかったために、かえって古道としての良さ、深さが残存している。

山本さんの写真と拙文とがさらに多くの人を熊野古道・伊勢路に誘

う契機になれば幸いである。

本書に紹介した峠やそれに続く道々は、土の中から、生い茂る羊歯の下から、東紀州の峠道を守る会の人々によって発掘、整備されてきた。その人たちの努力なくしては、参詣道の世界遺産登録もなかったし、本書の刊行もなかった。熊野古道を掘り起こしてきた人々に心から感謝したい。

また、編集の劉永昇さんには、すみからすみまで労をとっていただいた。併せて感謝したい。

馬越峠の麓に住む私にとって、石畳の上に降り続ける雨や吹きぬける風は、あこがれのように峠への歩みを誘う。山本さんも同じであろう。しばらく二人三脚を続けようかと考えている。

二〇〇四年八月

川端　守

［著者略歴］

川端　守

1941年、三重県海山町生まれ。1963年、三重大学学芸学部卒業後、三重県内の高校に国語科教員として勤務。2001年3月退職。尾鷲市馬越町在住。

「東紀州テン・マウンテンの会」会長。三重県立熊野古道センター長。

著書　『見える限りの風景』（2001年、暮らしの手帖社）

　　　『熊野古道　小辺路紀行』（2004年、風媒社）など

山本 卓蔵

1943年、愛知県生まれ。写真家・白井薫に教えを受け、日本各地の自然や、人々の暮らしの足跡を撮り続けている。

著書　『芦生の森』（2002年、東方出版）

　　　『神々の道—熊野古道—』（2004年、ピエブックス）

　　　『世界遺産　日本の原郷 熊野古道』（2006年、淡交社）

　　　『惑星、熊野』（2009年、求龍堂）など

＊本書は『熊野古道 世界遺産を歩く』に増補改訂をした新装版です。

熊野古道　巡礼のみち 伊勢路を歩く

2015年9月24日　第1刷発行

（定価はカバーに表示してあります）

著　者　　川端　守

　　　　　山本 卓蔵

発行者　　山口　章

発行所　名古屋市中区上前津 2-9-14　久野ビル　振替 00880-5-5616 電話 052-331-0008　http://www.fubaisha.com/　風媒社

乱丁・落丁本はお取り替えいたします。

＊印刷・製本／大阪書籍印刷

ISBN978-4-8331-0162-2

風媒社のガイドブック

あつた勤労者山岳会

新・こんなに楽しい 愛知の130山

定価(1505円＋税)

歴史散策と展望を楽しむファミリー登山から、緑濃い奥山の自然を満喫できる深山ルートまで、初心者から登れる愛知県内の低山を徹底ガイド！最新情報をもりこみ、ますます充実の待望の〈新版〉！

吉川幸一 編著

［増補改訂版］こんなに楽しい 岐阜の山旅100コース〈美濃上〉

定価(1500円＋税)

待望の岐阜登山ガイドに残雪期の山々も増補し大幅改訂。親切MAPと周辺情報も多彩に、低山歩きから本格登山まで楽しい山行を安心サポート。ファミリー登山から中高年愛好者まで必携のガイドブック。

吉川幸一 編著

こんなに楽しい 岐阜の山旅100コース〈美濃下〉

定価(1500円＋税)

登りごたえあるアルペン級の山、知る人ぞ知る低山ハイキングの楽しみ等、岐阜の山の魅力を一挙に紹介する、大好評の山歩きガイドの下巻。楽しい山行をサポートするファミリー登山から中高年愛好者まで必携のガイドブック

全国登山口調査会

東海登山口情報300

定価(1800円＋税)

愛知・岐阜・静岡＋鈴鹿エリアの登山口308箇所を網羅した待望のガイドブック。アクセスや道路状況、駐車場、トイレから通信状況、周辺施設、立ち寄り湯まで！登山 計画に必携、必須の詳細情報を満載。

坂本朝彦

60歳からの日本百名山

定価(1800円＋税)

あわてず、急がず、楽しみながら、ゆったり登ろう百名山！ 定年を機に山登りを再開した著者が、仲間たちといっしょに始めた「日本百名山めぐり」。楽しさも苦労もわかち合い、完全踏破を成し遂げるための山行ガイド。

中根洋治

愛知の巨木

定価(1500円＋税)

ヒノキ、スギ、カヤ、ケヤキ、ムク、サクラ等、愛知県内の樹木31種類について、丹念に調べあげた初めての巨樹・巨木ガイド。自然の記念碑を訪れるあなただけのエコツアーに出かけよう。

加藤敏明

東海花の寺めぐり

定価(1500円＋税)

信仰を育む山や森などの自然環境に恵まれた仏教寺院。その魅力は、永い歴史が育んだ自然美と人工美がほどよく調和した景観にある。四季の花々が醸し出す古雅なたたずまいを紹介する、こころ和む花の寺ガイド。

風媒社のガイドブック

川端　守

熊野古道小辺路紀行

定価（1200円＋税）

高野から熊野へ――。ふたつの聖地を結ぶ道。果てなき峠を越え、高野山から熊野をめざす十七里。世界遺産の道・熊野古道“小辺路”を歩く現代巡礼記。

小板橋淳

紀州・熊野の峠道

定価（1600円＋税）

道の世界遺産・熊野古道から忘れられた古き街道まで、かつて人々が往来した峠道の歴史をたどる。コースタイム、地形図、コースメモなども掲載。紀州・熊野の峠歩き完全ガイドブック。

海の博物館　石原義剛

熊野灘を歩く
海の熊野古道案内

定価（1600円＋税）

熊野灘は太古からの太い海上の道であった。大王崎から潮岬まで、はるばるつづく海岸線をたどるとき、そこには豊かな歴史といきいきとした文化が残ることを知る。海からたどる熊野古道のあらたな魅力を紹介す

海の博物館　石原義剛

伊勢湾
海の祭と港の歴史を歩く

定価（1505円＋税）

大王崎灯台から伊良湖岬までの海岸線を歩いてまとめた、港と海の文化遺産のガイドブック。今も残るさまざまな祭りと伝統行事を網羅し、豊かな海の再生と人間と海との新しい関係づくりを願う。

田中博 編著　山本卓蔵 写真

木曽・御嶽
わすれじの道紀行

定価（1600円＋税）

古くから人々の信仰を集める霊峰・御嶽。関所の町・木曽福島、そばとブルーベリーの開田高原、木曽義仲ゆかりの日義など、歴史のただずまいと新しい文化が交差する木曽の魅力を豊富な写真で紹介。

粟屋誠陽・新郷久

感動発見！
東海道みちくさウォーク

定価（1600円＋税）

歴史と出会い親しみながら東海道を歩いてみよう。丸子・岡部から亀山・関まで、２８宿の歴史と人とのかかわりを、豊富な写真や地図とともに道案内。大人のための「スローな旅」ガイド。

自然学総合研究所
地域自然科学研究所 編

東海 花の湿原紀行

定価（1500円＋税）

愛知・岐阜・三重エリアの湿原を探訪、四季に咲く花々と生息する生き物をていねいに解説。東海エリアの湿原の爽やかな魅力と豊穣な自然の貴重さをオールカラーで紹介する初めてのガイドブック。

風媒社のガイドブック

長屋良行

東海
戦国武将ウオーキング

定価（1500円＋税）

戦乱の世を駆け抜けた武人たちの生き様を追って、歴史ロマンの地へいざ、タイムスリップ！　筋金入りの戦国好きの著者たちがナビゲートする東海地方ゆかりの戦国武将の足跡をたどるガイドブック。

中井　均

東海の城下町を歩く

定価（1500円＋税）

織田信長・豊臣秀吉・徳川家康の誕生地であり、彼らを支えた数多くの武将の出身地でもある東海地方。この地域には江戸時代に多くの城下町が栄えた。今もそこかしこに残る城下町時代の歴史と風土を訪ねるガイドブック。

内藤昌康

鉄道でゆく東海絶景の旅

定価（1500円＋税）

駅からちょっと足を延ばせば別世界！　カメラマンに人気の有名撮影地から、そして地元の人しか知らない穴場まで…気軽に楽しめる眺望スポット満載した絶景ガイド。
収録地域：東海エリア　愛知、岐阜、三重、静岡、長野

白井伸昂・渡辺辰典

新訂版
東海の古寺と仏像100選

定価（1700円＋税）

愛知・三重・岐阜・静岡の名刹・古刹116寺を迫力ある豊富な写真とともに紹介。仏像をはじめとする文化財の歴史的価値の分析と、現地に行かずともその雰囲気が味わえる写真、情報も満載。

宇佐美イワオ

ふれあいウォーク
東海自然歩道

定価（1800円＋税）

手軽に楽しむウォーキングロードとして親しまれてきた東海自然歩道。愛知・岐阜・三重の全コース720キロを完全イラスト化し、所要時間、歩行距離、トイレの有無など、実際に歩いて集めた便利な情報を収録。オールイラストガイド。

文＝前田栄作　写真＝水野鉱造

増補版
尾張名所図会絵解き散歩

定価（1600円＋税）

目の前に立ち現れる江戸――。江戸時代のガイドブックを片手に、まちの賑わいに耳をすまし、人々の暮らし、幽玄な自然美の面影を探してみよう！

森　勇一

アンモナイトの約束
東海のジオストーリー50

定価（1600円＋税）

地球のドラマに耳をすまそう！　地震、噴火、津波の国に生きる私たち。自然の脅威と神秘を解き明かす〈地学〉にいま、熱い視線が注がれている。東海地方の大地の魅力をぎゅっと凝縮させた50の物語をあなたに。